Schirmer   Warum eine Sprache lernen, die wir können?

Menschenkunde und Erziehung

95

Schriften der Pädagogischen Forschungsstelle
beim Bund der Freien Waldorfschulen

Heinrich Schirmer

Warum eine Sprache lernen, die wir können?

Zum Deutschunterricht an der Waldorfschule

Verlag Freies Geistesleben

1. Auflage 2008

Verlag Freies Geistesleben
Landhausstraße 82, 70190 Stuttgart
Internet: www.geistesleben.com

ISBN 978-3-7725-1695-5

Umschlaggestaltung: Bianca Bonfert
Fotos: Charlotte Fischer
Druck: Druckhaus Nomos, Sinzheim

Inhalt

Vorwort

Als einer meiner Söhne im Kindergartenalter längst wusste, dass ich als Lehrer arbeitete, wurde er plötzlich unsicher. Es war ihm erst allmählich bewusst geworden, dass ich nicht Englisch oder Französisch unterrichtete, sondern das Fach Deutsch. Dass eine Fremdsprache zu lernen sei, die man sonst ja nicht versteht, das hatte er sich klar gemacht. *Aber warum, so fragte er, lernen die Kinder denn Deutsch? Das können sie doch schon, wenn sie in die Schule kommen.* Man mag über diese so naheliegende Frage eines Fünfjährigen schmunzeln, unsinnig ist sie nicht, wie wir sehen werden.

Vor kurzer Zeit habe ich die Fragestellung «Warum eine Sprache lernen, die wir können?» den Schülerinnen und Schülern einer 13. Klasse, also jungen Menschen im Alter von neunzehn Jahren, vorgelegt und sie gebeten, ganz spontan etwas dazu zu schreiben. Ich wähle drei Beispiele aus. Ein Junge meint: *Wenn ich die Frage näher betrachte und versuche, eine Antwort darauf zu finden, stoße ich zuerst darauf, dass sie nicht so gestellt werden kann. Denn können wir die Sprache Deutsch wirklich in unserem Alter schon? Wir können uns verständigen, wir können ausdrücken, was wir wollen, aber beherrschen wir unsere Sprache? Es reicht nicht aus, in kurzen einfachen Worten unsere Gefühle und unser Verlangen zu äußern, denn das Trainieren der Sprache, das Lernen, das Verstehen unserer Sprache ist für unsere gesamte Entwicklung wichtig. In einem Kernsatz würde ich die Frage auf diese Weise beantworten: Die Sprache ist der Weg zur Bildung.*

Ein Mädchen schreibt: *Mir persönlich fällt auf, dass ich Literatur ganz anders betrachte als früher. Das aktuellste Beispiel ist «Effi Briest» von Fontane. Während mir das Buch beim ersten Lesen langgezogen und auch langweilig erschien, ist es bei genauerem Lesen interessant und voller Motive. Solche «Entdeckungen» würden einem ohne das Fach Deutsch wahrscheinlich nicht gelingen.*

Und schließlich noch eine Schülerstimme: *Die Sprache ist eine der größten Gaben, die der Mensch hat. Sie kann vernichten, demütigen, glücklich machen, ermutigen usw. Die Sprache ist eine Waffe, mit der viel zu viele Menschen viel zu leichtfertig umgehen. Das meiste, was man sagt, hat Folgen.*

So groß also war die Spannweite der Antwortversuche vom fünfjährigen Kindergartenkind bis hin zum neunzehnjährigen Abiturienten. Zwischen beiden Altersstufen liegt die eigentliche Schulzeit.

Als Erwachsener, der einmal Schüler war, wird man sich zu erinnern suchen und vielleicht sagen: Was hat mir selbst damals der Deutschunterricht für mein heutiges Leben «gebracht»? Habe ich nur lesen und schreiben gelernt oder auch mein Sprechen und Denken ausbilden können? Habe ich unter Umständen sogar eine Liebe zur Dichtung entwickelt, oder ist sie mir ausgetrieben worden? Weiß ich heute womöglich nur noch die orthografische Drohung, dass derjenige, der das Wort «nämlich» mit h schreibt, dämlich sei?

Und selbst die Fachdidaktiker tun sich schwer. Seit vielen Jahren schon bemühen sie sich um immer neue Begründungen. «*Wohl kein anderes Schulfach ist in der jüngsten Zeit so lebhaft diskutiert worden wie das Fach Deutsch. In den letzten Jahren sind neben einer außerordentlich großen Zahl von Büchern so viele neue Zeitschriften erschienen, die für Studenten und Lehrer dieses Faches wichtig sind und sich zum Teil unmittelbar an sie wenden, dass diese kaum noch die Möglichkeit haben, sich in der explosionsartig angewachsenen Flut von Veröffentlichungen zu orientieren.*»[1]

Es scheint sich also tatsächlich nicht von selbst zu verstehen, wozu das Fach Deutsch gut sei. Der vorliegende kleine Führer zur muttersprachlichen Erziehung möchte die scheinbar sich selbst verstehende Frage nach dem Deutschunterricht aufgreifen und gleichzeitig begrenzen. Hier soll vom Deutschunterricht an der Waldorfschule die Rede sein. Welche Bedeutung hat er im Rahmen einer Pädagogik, die sich als Erziehungskunst versteht?

Ein Wort zur Darstellungsweise dieser Zeilen, zu ihrer Methode und ihrer Sprache, sei vorab noch erlaubt. Wer sich über den muttersprachlichen Unterricht an der Waldorfschule informieren möchte, kann mittlerweile auf mehrere vorliegende Publikationen verschiedener Länge und Ausführlichkeit zurückgreifen, die in den letzten Jahren entstanden sind. Es gibt kurze und einführende Texte, die im Überblick die Gesamt-

---

1 D. Doueke (Hrsg.): *Deutschunterricht in der Diskussion*. Paderborn 1974, S. 7.

gestalt des Faches Deutsch deutlich werden lassen, aber dabei naturgemäß nur kurz und allgemein auf die ihn speziell begründenden menschenkundlichen Voraussetzungen eingehen können.[2] Auch sehr umfangreiche Ausführungen liegen vor, die sich ausschließlich und detailliert dem Fach widmen und vor allem dem Deutschlehrer wichtige Hinweise für seinen Unterricht geben dürften.[3] Das hier vorliegende Buch möchte dem interessierten Laien und «Mittelstrecken-Leser» entgegenkommen, der einen abwechslungsreichen und doch zu bewältigenden Weg der Erstbegegnung mit dem Thema sucht. Es steht gewissermaßen zwischen der Kurzstrecke und der Marathondistanz. Ich möchte deshalb auf den folgenden Seiten so viel begründen, wie nötig, und so viel erzählen, wie möglich ist. Und ich möchte andere Autoren zu Wort kommen lassen, die mir selbst bei meiner täglichen Arbeit als Lehrer wichtig geworden sind. Bisweilen habe ich etwas umfangreicher aus dem Fundus professioneller Schriftsteller und nicht professionell schreibender Schülerinnen und Schüler zitiert. Die entsprechenden Gedanken und Begriffe hätte ich natürlich referieren können. Aber originale Zitate lassen nicht nur Inhalte deutlich werden. Sie offenbaren zudem den jeweiligen Stil der längst geübten und der sich noch übenden Feder. Ein literarischer Stil hat immer etwas mit der Individualität des Schreibenden zu tun. Insofern heißt Stilbildung auch gleichzeitig Persönlichkeitsbildung.

Bei allen folgenden Ausführungen muss berücksichtigt werden, dass die Waldorfpädagogik insgesamt, und also auch die

---

2 Vgl. etwa Peter Guttenhöfer in Stefan Leber (Hrsg.): *Die Pädagogik der Waldorfschule und ihre Grundlagen*. Darmstadt 1983. – Tobias Richter (Hrsg.): *Pädagogischer Auftrag und Unterrichtsziele – vom Lehrplan der Waldorfschulen*. Stuttgart [2]2006.

3 Z. B. Christoph Göpfert (Hrsg.): *Jugend und Literatur. Anregungen zum Deutschunterricht*. Stuttgart 1993. – Heinrich Schirmer: *Bildekräfte der Dichtung. Zum Literaturunterricht der Oberstufe*. Stuttgart 1993.

Didaktik des Deutschunterrichts, ohne ein differenziertes Erarbeiten der menschenkundlichen Voraussetzungen nur unzureichend zu begründen, zu entwickeln und kritisch zu hinterfragen sein dürfte, wenn ein fruchtbarer Dialog zwischen der Waldorfpädagogik und den an ihr Interessierten angestrebt werden soll. Dieser Erkenntnishaltung hätten sich sowohl der Autor als auch der Leser zu öffnen. Wer die Quellen eigenständig suchen möchte, findet hierzu in den Fußnoten manche Anregung grundlegender Literatur. Wenn damit ausdrücklich der Umstand bestätigt werden soll, dass die Waldorfpädagogik aus der sie begründenden anthroposophisch orientierten Weltanschauung heraus zu verstehen ist, so trifft der Sache nach tatsächlich zu, was freilich immer wieder als Vorwurf gemeint ist. Vergessen wird dabei aber häufig, dass auch der mögliche Kritiker der Anthroposophie selbst vom Standpunkt einer ideologischen, religiösen oder politischen Weltanschauung her sich äußert, auch wenn er glaubt, über deren Voraussetzungen keinerlei Begründungen mehr machen zu müssen, weil sie sich von selbst zu verstehen scheinen. Wirklich problematisch würden die Positionen der Waldorfpädagogik einerseits und ihrer Gegner andererseits aber erst dann, wenn dieser erkenntnistheoretische Zusammenhang stillschweigend oder bewusst verschwiegen, geleugnet oder verzerrt würde. Ein sachgemäßes Urteil über den Deutschunterricht der Waldorfschule ist ohne eine grundlegende und der Sache angemessene Erkenntnisarbeit ebenso wenig zu bilden, wie es die hier vorliegende Darstellung ihrerseits nicht leisten kann und will, eine kritische Auseinandersetzung mit den pädagogischen und bildungspolitischen Methoden, Zielen und Inhalten des Deutschunterrichts anderer Schulen und Curricula vorzunehmen.

Tübingen, im Frühjahr 2008 *Heinrich Schirmer*

1. Entwicklung heißt Gestaltwandel

Bevor der Mensch in die von seinen Eltern gewählte Schule geht, um die Muttersprache zu erlernen, kommt ihm diese bereits in seiner Kindheit entgegen. Wir könnten sogar behaupten: Zunächst geht der Mensch in die Schule der Muttersprache. Sie wählt uns. Aber was ist der Mensch und was ist die Sprache? Die Bedeutung des Deutschunterrichts, seiner Inhalte und Methoden, ist nicht zu umreißen, wenn wir nicht vorab wenigstens ansatzweise den Blick auf das sich entwickelnde Kind richten. Schauen wir einmal auf die frühe Kindheit, um diese Erstbegegnung von Mensch und Sprache zu verstehen. Es hängt für die spätere Lebenszeit viel davon ab, dass diese frühe Begegnung sich glücklich gestaltet.

Die ersten drei Jahrsiebte

Mit dem physischen Geburtstag, den wir als Kind in jedem Jahr aufs Neue sehnsüchtig erwarten und freudig feiern und den wir als alte Menschen eher nachdenklich begehen, tritt der Mensch sichtbar in die Welt der Erscheinungen. Nun *scheint* er geboren zu sein. Dieser Umstand war in früheren Zeiten unumstritten. Tiefere Einsichten in embryonale und pränatale Vorgänge waren damals freilich ebenso wenig vorhanden wie entwicklungspsychologische Untersuchungen im Hinblick auf die spätere Kindheit und Jugend. Und doch: Man spürte, dass die Geburt nicht der Beginn des Menschen war, sondern nur die Ankunft der Leiblichkeit in der wahrnehmbaren Außenwelt. Die Individualität wurde nicht mit der körperlichen Hüllennatur identifiziert. Das ist heute anders geworden. Seit Jahrzehnten schon lernen die Schülerinnen und Schüler im Biologieunterricht aus Hermann Linders Grundlagenbuch die Gesetzmäßigkeiten der Vererbung kennen. *Der «Genbestand» des Menschen, so heißt es dort, ist in 23 Chromosomenpaaren niedergelegt. Bei der Frau sind es 44+2x, beim Mann 44+x+y Chromosomen. Seine Entwicklung beginnt mit der Verschmelzung zweier Keimzellen bei der Befruchtung.*[4] Wenn auch in den neueren Auflagen des Buches die Bedeutung der Umwelteinflüsse stärker berücksichtigt wird, als das in früheren der Fall gewesen ist, so bleibt das Resultat doch eindeutig: Die körperlichen und psychischen Merkmale des Menschen seien weitgehend vererbt. Was wir als Persönlichkeit empfänden, wird als Produkt vorangegangener materieller Informationen ausgegeben. Und damit dieses kühle naturwissenschaftliche Ergebnis ein wenig durch dichterische Verse bestätigt und

4 Hermann Linder: *Biologie. Lehrbuch für die Oberklassen der Höheren Schulen*. Stuttgart, 16., überarbeitete und neu gestaltete Auflage 1967, S. 260.

14

ausgeschmückt werde, findet sich als Motto ein kleines Gedicht Goethes im Kapitel zur Intelligenz, zum Temperament und Charakter:

Vom Vater hab ich die Statur
des Lebens ernstes Führen,
vom Mütterchen die Frohnatur
und Lust zu fabulieren.

Urahnherr war der Schönsten hold,
das spukt so hin und wieder;
Urahnfrau liebte Schmuck und Gold,
Das zuckt wohl durch die Glieder.

Sind nun die Elemente nicht
Aus dem Komplex zu trennen,
was ist denn an dem ganzen Wicht
Original zu nennen?

Wir lesen – und staunen! Offenkundig soll das Gedicht als Beleg dafür dienen, die heutige naturwissenschaftliche These zu untermauern, alle auftretenden Merkmale seien vererbt, und etwas «Originales» könne, wie ja augenscheinlich schon Goethe geschrieben habe, schwerlich erklärt werden. Aber das Gegenteil ist doch der Fall! Goethe erstaunt gerade darüber, dass es verwunderlich sei, ein «Original» vorzufinden, das sich nicht aus der Vorfahrenreihe erklären lässt. Er sagt eben nicht, dass es ein «Original» nicht gibt. Er spricht vielmehr von der für jeden Menschen evidenten Erfahrung der eigenen Individualität, die etwas anderes ist als das sonst «an dem ganzen Wicht» Abzulesende. Dieses kleine Beispiel ist symptomatisch.

Wir besitzen eine Fülle wissenschaftlicher Informationen und können durchaus angeben, dass *biologisch menschliches Leben* viel früher entsteht als mit der Geburt. Aber diese Antworten reichen keinesfalls aus, um exakt zu formulieren, wann *individuelles menschliches Leben* beginnt.[5] Im Grunde genommen ist dies keine naturwissenschaftliche Frage mehr, denn Individualität gibt es nur als geistige Realität. Sie ist eben im Gegensatz zur biologischen Zelle unverwechselbar, nicht teilbar und nicht zusammenfügbar. Das Gefühl dafür, dass der Mensch nicht allein Produkt seiner Erbanlagen und seines Milieus ist, und die Frage nach der eigenen Individualität brechen in jedem Leben wenigstens einmal existentziell auf. Meist ist das in der Jugendzeit der Fall. Der mexikanische Autor Octavio Paz schreibt über die wechselseitige und dynamische Beziehung der im Geist gründenden Individualität und ihres biologischen Leibes, die wahre menschliche Natur bestehe darin, *daß sie sich mit nichts von dem identifiziert, worin sie sich verkörpert, doch auch darin, daß sie nur dann existiert, wenn sie sich in dem verkörpert, was nicht sie selbst ist.*[6] Das Ich jedes einzelnen Menschen organisiert gewissermaßen selbst sein jeweiliges Verhältnis zum ererbten Körper. Und diese «Arbeit an sich selbst» ist nachweisbar tatsächlich älter als die physische Geburt und hält ein Leben lang an. Der Mensch entwickelt sein Wesen in einer zeitlichen und biografischen Gestaltung. Nie *ist* ein bestimmter Zeitpunkt des Lebens erreicht, an dem der Mensch an sein fixiertes Ziel gekommen wäre. Wo sollte dieses Ziel auch liegen – und wer hätte es definiert? Was sich aber beobachten lässt, das ist die Gestaltung und Umgestaltung der körperlichen, seelischen und geistigen Anlagen. In

5 Wolfgang Schad: *Verantwortbare Freiheit aus Menschenverständnis. Zur individuellen und gesellschaftlichen Problemlage des Schwangerschaftsabbruchs.* Stuttgart 1992.
6 Octavio Paz: *Essays 2.* Frankfurt am Main 1984, S. 54.

16

diesem Entwicklungsprozess werden Rhythmen sichtbar, die sich klar voneinander scheiden lassen und die sich andererseits aufeinander beziehen. Dabei geht es nicht um äußerlich und konventionell abgesteckte Zeiträume, Jahrestage oder Jubiläen (etwa nach Jahrzehnten), die als Maßstab rechnender Tätigkeit hilfreich sein mögen. Es sind Rhythmen von jeweils sieben Jahren, die an lebendigen und geistigen Prozessen im Kosmos, in der Natur und auch am Menschen abgelesen werden können. Die Einteilung des Lebenslaufes in Rhythmen von etwa sieben Jahren war schon in der Antike bekannt. Der athenische Staatsmann, Rhetor und Dichter Solon etwa verfasste im 6. Jahrhundert vor Christus einen Text, der die menschliche Biografie in zehn Siebenerschritte gliedert: *Dem Knaben fällt, solang er noch unreifes Kind, der Zahnkranz, / den er bekam, erstmals in sieben Jahren wieder aus. / Hat ihm die zweiten sieben Jahre dann der Gott vollendet, / lässt er der Mannesreife Zeichen, der beginnenden, schon sehn. / Im dritten Jahrsieht ... usw.* [7]

Der Begriff der «Jahrsiebte» ist außerhalb der Waldorfpädagogik heute kaum noch gebräuchlich. Das ist nicht entscheidend. Weitreichender ist der Umstand, dass auch das, *was* mit dem Begriff inhaltlich bezeichnet werden möchte, in der allgemeinen erziehungswissenschaftlichen und anthropologischen Forschung vernachlässigt wird. Für die Waldorfpädagogik ist die Beobachtung der Jahrsiebte nach wie vor keineswegs aus historischen, sondern aus anthropologischen Gesichtspunkten von grundlegender Wichtigkeit. Denn: *Nach jedem Jahrsiebt zeichnen sich innerhalb der menschlichen Entwicklung meist mehr oder weniger ausgeprägte Einschnitte oder Sprünge bzw. Krisenzeiten ab, in denen Neues sich Bahn brechen will. In Kindheit und Jugend eignet den Jahrsiebten eine ganz spezifische leibliche und seelische Konstitution, die sich jeweils nach ungefähr sieben Jahren wieder verändert:*

7 *Fünfzig griechische Gedichte.* Suttgart 2001. (reclam), S. 17.

mit dem Zahnwechsel (erster Gestaltwandel), dann mit der Geschlechtsreife (zweiter Gestaltwandel) und schließlich mit der Mündigkeit.[8]

Der Mensch als Sinneswesen

Das erste Jahrsiebt ist ein Zeitraum, in dem der Mensch vornehmlich seine Leiblichkeit ergreift und entwickelt und mit allen Sinnen sich an der Umwelt erfährt. Die Geburt des physischen Menschenleibes lässt sich nicht nur auf die wenigen Stunden der eigentlichen Austreibungsphase begrenzen. Im Grunde genommen erstreckt sie sich über die ersten Lebensjahre hin, bis sich bestimmte Prozesse des Wachstums und der Organbildung abrunden. Zur Umwelt gehört dabei auch der eigene Körper, der allmählich wahrgenommen wird. Diese umfassende Wahrnehmung vermitteln dem Menschen die leiblichen Sinne. In einer erweiterten anthropologischen Anschauung, wie sie innerhalb der Waldorfpädagogik ausgebildet wird, ist zunächst natürlich auch von den gängigen fünf Sinnen die Rede, wie sie landläufig bekannt sind: Tastsinn, Geruchssinn, Geschmackssinn, Sehsinn, Hörsinn. Aber so wie die moderne Physiologie in den letzten Jahrzehnten längst die Qualität und Quantität der sinnlichen Erfahrungswelt erweitert und differenziert erforscht und dargestellt hat, fasste Rudolf Steiner bereits um 1917 seine diesbezüglichen Ergebnisse publizistisch zusammen.[9] Das Neue dieser im größeren Kontext der Erkennt-

8 Stefan Leber: *Kommentar zu Rudolf Steiners Vorträgen über «Allgemeine Menschenkunde als Grundlage der Pädagogik».* Stuttgart 2002, 3 Bände, Band II, S. 108.
9 Vgl. Rudolf Steiner: *Von Seelenrätseln.* GA 21.

nistheorie und Psychologie Steiners stehenden öffentlich dargestellten Sinneslehre ist, dass in ihr zum ersten Mal ein systematischer Entwurf von zwölf Sinnen des Menschen gegeben wird. Bestimmte Erfahrungen, die das Individuum macht, werden dabei als «sinnlich» vermittelte begriffen, für die heute in der Regel noch kein eigentlicher und physiologisch nachweisbarer Sinn benannt wird (weil es offenbar schwer ist, das entsprechende «Organ» für diesen Sinn zu finden), sondern die als kognitive Leistungen des Gehirns verstanden werden. Steiner spricht dagegen zunächst von den stärker leiblichen und willensbetonten Sinnen (Tastsinn, Lebenssinn, Bewegungssinn, Gleichgewichtssinn), durch die der Mensch sich vornehmlich selbst innerhalb seiner Haut erfährt. Ihnen folgen die mehr gefühlsorientierten Sinne (Geruchssinn, Geschmackssinn, Sehsinn, Wärmesinn), durch die man bestimmte Qualitäten seiner Umwelt nicht nur wahrnimmt, sondern auch unbewusst seelisch empfindet. Schließlich entwickeln sich sinnliche Wahrnehmungsnuancen für das Geistige der Umwelt, die als eigenständige Erkenntnissinne bezeichnet werden (Gehörsinn, Wortsinn, Gedankensinn, Ichsinn) und mithilfe derer wir vernehmend und verstehend in die Umwelt eindringen. Durch die Vollzahl der Sinne erschließt sich der Mensch stufenweise die verschiedenen Schichten der Welt. Und vor allem: Die Sinne stehen miteinander in einem bedeutsamen Zusammenhang. So ist empirisch nachzuweisen, wie die gesunde Ausbildung der «unteren» Sinne sich wesentlich auf die «oberen» Sinne auswirkt, wie noch dargestellt werden soll. Das alles gilt nicht nur für das Kind, sondern natürlich auch noch für jeden Erwachsenen. Aber es gibt einen wesentlichen Unterschied.

Die «unteren» Sinne

Das Kind ist noch «ganz Sinneswesen», wie es Rudolf Steiner formuliert hat. Sein Denken und sein Fühlen sind in der frühen Kindheit ganz eng an die Erfahrung der Leiblichkeit gebunden. Es tastet sich behutsam und ganz allmählich in den eigenen Körper und seine Umwelt hinein. Mit diesem über die gesamte Oberfläche seines Leibes sich ausbreitenden **Tastsinn** empfindet es – natürlich bleibt das alles noch vollkommen unbewusst – an der Grenze zur Außenwelt sein eigenes Inneres. Die raue Wand, die ich mit der Hand berühre, sagt vornehmlich nicht etwas über sich aus, sondern im Tasten erfühle ich zunächst und vornehmlich *mich selbst*. Die Bedeutung des Tastempfindens für ein gesundes Identitätsgefühl und Selbsterleben ist nicht zu überschätzen.

Und auch die inneren Organe, die sich bilden, geben uns Auskunft darüber, ob es uns gut geht oder ob wir uns unwohl empfinden. Fällt sozusagen etwas aus einem größeren Zusammenhang heraus und nehmen wir das als störend wahr? Wie oft geben kleine Kinder nicht Bauchschmerzen als generelle Antwort an, wenn sie sich kränklich fühlen. Sind wir gesund und entwickeln wir tatsächlich einen leiblichen Sinn dafür, ob wir krank werden oder ob uns etwas gut tut? Immer, wenn organisch-vegetative Lebensprozesse unterbrochen werden und stocken, entsteht Bewusstsein in einem Bereich des Leibes, in dem es eigentlich nicht vorhanden sein sollte. Wenn wir sagen, dass wir uns schwächlich fühlen, so ist das kein Sinneserlebnis, sondern ein Urteil. Was aber diesem Urteil leiblich zugrunde liegt, wird sinnlich vermittelt. Das kindliche «Bauchweh» signalisiert diesen Vorgang, auch wenn die genaue Lokalisation nicht immer zutreffend ist. Der Sinn, der dem Menschen diesen Umstand vermittelt, ist also keineswegs der Kopf. Das Denken folgert nur aus dem, was es als spürbare Tatsache erhält. Rudolf Steiner hat diesen Sinn für die eigene körperliche Befindlichkeit ganz allgemein als den **Lebenssinn** bezeichnet.

Und was geschieht nun, wenn wir unsere Glieder bewegen? *Der Sinn dafür, was wir in uns selber bewegen, vom Augenzwinkern bis zur Bewegung der Beine, ist ein wirklicher (dritter) Sinn, der* **Eigenbewegungssinn.**[10] Sehen wir zum Beispiel eine Katze über die Straße laufen, so spannen sich in uns bestimmte Muskeln der Augen an. Wir empfinden also eigentlich erst durch die Muskelspannung des eigenen Leibes auch die äußeren Bewegungen. Der Bewegungssinn verursacht nicht unsere Bewegungen, er vermittelt sie. Wie matt kann einen der interessanteste lange Fernsehabend machen, weil man seine Augen starr auf einen Schirm hat ausrichten müssen. Wie belebend kann ein kurzer und vermeintlich langweiliger Spaziergang sein, bei dem wir mit den Gliedern und den Augen in die Nähe und Ferne einer vor uns liegenden dreidimensionalen Landschaft haben schweifen können. Der leidenschaftliche Spaziergänger Robert Walser hat jedenfalls ohne diese Erfahrung nicht leben wollen und nicht schreiben können: *Spazieren ist für mich nicht nur gesund und schön, sondern auch dienlich und nützlich. Ein Spaziergang fördert mich beruflich und macht mir zugleich auch noch persönlich Spaß und Freude; er erquickt und tröstet und freut mich, ist mir ein Genuß und hat gleichzeitig die Eigenschaft, daß er mich zu weiterem Schaffen reizt und anspornt, indem er mir zahlreiche kleine und große Gegenständlichkeiten als Stoff darbietet, den ich später zu Hause emsig und eifrig bearbeite. Ein Spaziergang ist immer voll sehenswerter und*

---

10 Vgl. Rudolf Steiner: *Zur Sinneslehre. Themen aus dem Gesamtwerk 3.* Ausgewählt und herausgegeben von Christoph Lindenberg, Stuttgart 1980, S. 61.

fühlenswerter bedeutender Erscheinungen.[11] Ein vierter und letzter Sinn, durch den wir uns in unserem Körper selbst wahrnehmen, sei in diesem Zusammenhang noch erwähnt. Wir werden später bei den Ausführungen zur Oberstufe merken, warum wir an dieser Stelle darauf eingegangen sind. Es ist ein Sinn, durch den der Mensch zwischen oben und unten unterscheidet. *Wenn er solches nicht mehr wahrnehmen kann, so ist das für ihn sehr gefährlich, er kann sich dann nicht mehr halten und sinkt um. Wir können hinweisen auf ein Organ, das viel mit diesem Sinn zu tun hat, nämlich auf die drei halbzirkelförmigen Kanäle im Ohr. Bei Verletzungen dieses Organs verliert der Mensch seinen Orientierungssinn. Auch im Tierreich läßt sich dieser Sinn verfolgen. Da zeigt er sich als gewisse Gleichgewichtsorgane. Wenn da gewisse kleine, steinchenförmige Gebilde, die sogenannten Otolithen, in gewisser Weise an einem bestimmten Orte liegen, so haben wir die Gleichgewichtslage, im andern Falle nur ein Taumeln. Das ist der* **Gleichgewichts- oder der statische Sinn.**[12] In jeder Eurythmiestunde etwa können Schülerinnen und Schüler immer wieder aufs Neue die Tätigkeit dieses Sinns erfahren. Im Erlebnis der aufrechten Haltung nimmt der Übende seinen Willen wahr.

---

11 Robert Walser: *Der Spaziergang.* Frankfurt am Main 1985, S. 50.
12 Rudolf Steiner: *Zur Sinneslehre,* a.a.O. (Anm. 10), S. 61.

2. In der Schule der Muttersprache
Die frühe Kindheit – das erste Jahrsiebt

Klang, Reim, Rhythmus

So wie sich der Mensch in der frühen Kindheit zunächst vor allem durch seine «unteren» Leibessinne Schritt um Schritt und Jahr für Jahr die physische Welt erschließt, so gestaltet er auch seine Organe oder Sinne für die Sprache, die ihm wie selbstverständlich von außen zuwächst. Er tastet sich in sie hinein. Er empfindet sich selbst und seine ganze Lebensqualität durch sie erheitert und bestärkt. Er ahmt sie in allen seinen Bewegungen nach und er orientiert sich mit ihrer Hilfe in der umgebenden sozialen und physischen

Welt. Die Sprache ist älter als man selbst. Sie ist schon da, bevor man geboren wird. Sie umweht uns wie eine warme leichte Brise vom ersten Atemzug an.[13] Wir setzen gewissermaßen die Sprache voraus. Die Visitenkarte, mit der sie sich uns vorstellt, ist aber nicht informeller, kognitiver Art. Was wir von ihr zunächst kennenlernen, ist ihre unmittelbare Lebendigkeit. Sprache wird noch ganz sinnlich erfahren, weil das Kind eben noch ganz Sinneswesen ist.[14] Was wir erleben, sind Klang, Reim und Rhythmus. Das fünfjährige Kindergartenkind jedenfalls war sich damals ganz klar darüber, dass es die deutsche Sprache hinreichend, ja sogar vollkommen beglückend anzuwenden vermochte. Schließlich kannte der Junge von der abendlichen Zeremonie des Zubettgehens, dass ihm erzählt oder vorgelesen wurde. Und das jeden Abend! In einem selbstverständlichen Turnus. Unterblieb dieses unbewusste, regelmäßige Tun, dann war an ein schnelles Einschlafen nicht zu denken. Dann blieben seine Bewusstseinskräfte noch lange wach, denn sie waren ja nicht sprachlich «gestreichelt» und gewissermaßen zur Entspannung gebracht worden. Die Schnabelwetzer, Reime, Rätsel, Märchen und Gedichte gaben ihm ein wohliges Empfinden von Klang, Reim und Rhythmus. An ein Beispiel, das sicherlich jeder kennt und an dem sich ablesen lässt, um was es geht, sei erinnert, an *Die Heinzelmännchen* von August Kopisch:

---

13 Vgl. Karl König: *Die ersten drei Jahre des Kindes. Erwerb des aufrechten Ganges. Erlernen der Muttersprache. Erwachen des Denkens*. Stuttgart [8]1989.
14 Vgl. z.B. auch den anregenden Aufsatz von Walter Riethmüller: «Wie kommt das Kind zur Sprache?» und alle übrigen Texte in der *Erziehungskunst. Zeitschrift zur Pädagogik Rudolf Steiners*. Sonderheft Januar 2007.

24

Wie war zu Köln es doch vordem
mit Heinzelmännchen so bequem!
Denn, war man faul – man legte sich
hin auf die Bank und pflegte sich.
Da kamen bei Nacht,
ehe man's gedacht,
die Männlein und schwärmten
und klappten und lärmten
und rupften
und zupften
und hüpften und trabten
und putzten und schabten.
Und eh' ein Faulpelz noch erwacht',
war all sein Tagewerk bereits gemacht.

Das achtstrophige Gedicht erzählt ja dann im Folgenden,
wie nacheinander die Zimmerleute, der Bäckermeister, der
Fleischer, der Schenke und schließlich auch der Schneider
jede Nacht von dieser *Geisterschar* beglückt wird. Stets ist
am Morgen das Haus schon gebaut, das Brot gebacken,
die Wurst hängt *im Ausverkauf*, der Wein ist *geschönt* und
der Staatsrock ist *bereits gemacht*. Wie herrlich sind allein
schon die Bilder dieses Gedichtes! Sehr präzise und lus-
tig zugleich sehen wir die verschiedenen Tätigkeiten vor
unserem inneren Auge. Die Fülle der plastischen Verben,
die ständig durch die Konjunktion «und» gleichgestellt und
aneinandergereiht werden, macht es dem Leser oder Hörer
kaum möglich, der Geschwindigkeit im Einzelnen nachzusinnen. Wie ein lautmalerisches Feuerwerk verglühen die
benannten Tätigkeiten. Was aber bleibt, ist der Gesamtein-
druck der Bewegung. Und doch steigert sich das Wohlbefinden im Anhören des Textes zusätzlich ganz entschieden

durch den Klang der Worte, den Reim und den Rhythmus. Auch wenn wir das Gedicht in Prosa erzählen würden, stellte sich gewiss eine Heiterkeit ein, aber sie wäre wohl nicht so nachhaltig. Die «Botschaft» der Zeilen wäre natürlich vom Kopf her verstanden und intellektuell aufgenommen worden. Aber um welchen Preis? Wir würden nicht den wohligen und sich am Ende jeder Zeile erwarteten und dann auch verlässlich einstellenden Gleichklang des Paarreimes hören. Wir würden nicht die dunklen Laute des «Rupfens» und «Zupfens», nicht die helleren des «Schwärmens» und «Lärmens» vernehmen.[15] Der aufsteigende, vierhebige Jambus könnte uns als Versmaß nicht erquicken. Wir müssten nicht plötzlich und unerwartet in der fünften Zeile des Gedichtes über ein anderes Metrum «stolpern», wie es Kopisch aber bewusst vorgesehen hat, damit im Hörer unbewusst die Regelmäßigkeit gestört werde. Und gerade dieser Rhythmuswechsel, durch den wir aus der schönen Ordnung der Sprache heraustreten, lässt Bewusstsein entstehen und, wie wir sahen, sogar unseren Lebenssinn erwachen. Der Autor ist uns aber gut. Mit den letzten zwei Zeilen jeder Strophe kehrt er in den gewohnten Jambus seines anfänglich metrischen Schreitens zurück, so als wäre nichts geschehen. Jeder mit Literatur sich auskennende Leser weiß, was das Kind unmittelbar spürt: Die Form einer Dichtung ist niemals eine Art poetischer Verpackung, in die etwas Intellektuelles eingehüllt worden ist. Im Gegenteil. In der uns vorliegenden Form – und nur in ihr – erscheint der künstlerische Gehalt. Der israelische Autor Amos Oz schreibt dazu fast entrüstet: *Der schlechte Leser kommt und fordert mich auf, die Geschichte, die ich geschrieben habe, für ihn zu schälen. Verlangt, ich solle eigenhändig meine Trauben*

15 Vgl. Martin Tittmann: *Lautwesenskunde. Erziehung und Sprache*, Stuttgart 1979.

in den Mülleimer werfen und ihm nur die Kerne vorsetzen.[16]
Und was für künstlerische Prosa unmöglich ist, ist es erst
recht für die Lyrik, auch in unserem genannten und vermeintlich so bescheidenen Beispiel. Die Tätigkeiten, die die
Heinzelmännchen bei Nacht ausüben, sind höchst produk-
tive Tätigkeiten, die aber dem Wachbewusstsein des Menschen im Allgemeinen nicht zugänglich sind. Sie geschehen
im Dunkeln, während des Schlafes. Der Mensch profitiert
von ihnen, von den festzustellenden Ergebnissen, er nimmt
sie aber prozessual nicht wahr. Deshalb beginnt und endet
jede Strophe des Gedichtes mit einem regelmäßigen und
dadurch das Bewusstsein des Hörers etwas einschläfernden
Metrum, während für das schöpferische und verborgene
Tun der Wichte ein Rhythmuswechsel vorgenommen und
eingefügt worden ist. Was sich nun auf der Bild-, Klang-,
Reim- und Rhythmusebene nachweisen lässt, nämlich der
feine Wechsel von unbewussten und bewussten Wirkungen,
kommt auch im Hinblick auf das gesamte Gedicht zur
Sprache. Erinnern wir uns, wie die poetische Handlung zu
Ende geht: *Neugierig war des Schneiders Weib, / und macht
sich einen Zeitvertreib: / Streut Erbsen hin die andre Nacht.
/ Die Heinzelmännchen kommen sacht ...*, fallen die Treppe
hinunter, verwünschen das helle Licht der Schneidersfrau
und lassen sich seitdem nicht mehr sehen. Als der Mensch
noch von den Kräften leben konnte, kannte er sie nicht.
Seitdem er sie kennt, kann er sie nicht mehr empfinden.
Sie sind seinem erworbenen Vorstellungsleben entschwun-
den. Nun haben die Menschen in Köln, und leider nicht
nur dort, ihre Arbeiten bei Tag selbst zu erledigen. *Ach,
dass es noch wie damals wär'! / Doch kommt die schöne Zeit
nicht wieder her!*

16 Amos Oz: *Eine Geschichte von Liebe und Finsternis.* Frankfurt am Main
2004, S. 49.

Knüpfen wir einmal an das konkrete und einzelne Heinzel-
männchen-Beispiel einige allgemeine Gedanken an und fragen uns: Wie wachsen wir eigentlich in unsere Mutt020-spra-
che hinein? Vorstellungen und seelische Empfindungen des
kleinen Kindes sind noch vollständig im Einklang mit den
organischen Prozessen des Wachsens und Leibbildens. Können sich Vorschulkinder frei und harmonisch körperlich bewegen, so wirkt die Kräftigung des Leibes unmittelbar auf ihr
seelisches Wohlbefinden. Und umgekehrt: Erhält das Kind
fantasievolle Geschichten und Bilder erzählt, dann sind ord-
nende Wirkungen bis hin ins Physische gegeben. Vor allem
bei negativen, einseitigen und intellektuell fixierten sowie
verfrühten Vorgaben, die das Kind naturgemäß nachahmen
und verinnerlichen muss, ohne sich wie der Erwachsene dagegen wehren zu können, ist vielfach empirisch nachgewiesen worden, dass sprachliche und akustische Eindrücke zu
organischen Krankheitsdispositionen oder gar auftretenden
Störungen führen können. Es ist deshalb später für die Schule unverzichtbar, auf die heilenden Entwicklungsmöglich-
keiten der Sprache und der Sprachpflege hinzuweisen und
sie zu einem konstituierenden Unterrichtsprinzip zu gestalten. In den ersten Lebensjahren, - monaten, -tagen, ja, bereits
während der embryonalen Zeit bildet die «Muttersprache» an
der ganzheitlichen Entwicklung des menschlichen Wesens.
Sieht man genauer hin, *so merkt man, dass alle Sprache, alles
Sprechenlernen auf der Nachahmung beruht desjenigen, was
das Kind durch seine Sinne in der Umgebung beobachtet, unbewusst beobachtet.*[17] Sprache wird also in dieser Zeit tatsächlich noch nicht «gelernt», jedenfalls nicht mit dem Kopf. Sie
wird gehört und nachgeahmt, und im Nachahmen entstehen
Empfindungen, die beglücken oder bedrängen können. Der

17 Rudolf Steiner: *Die geistig-seelischen Grundkräfte der Erziehungskunst.*
   Oxford 1922. GA 305 (1. Vortrag), Dornach [3]1991.

28

Gebrauch intellektueller Rede, die Verwendung von Ironie und Unwahrhaftigkeit in der Sprache wirken in dieser Zeit wie Gift für das Kind, da es ja noch unfähig ist, die Doppelbödigkeit dieses Sprechens durchschauen zu können. Das Kind erlebt die Sprache als Geste der Offenbarung, nicht als Maske der Verstellung und des Verbergenwollens. Dadurch werden Voraussetzungen für das spätere eigenständige Denken und für eine positive oder negative Lebenseinstellung gelegt. Und so wie alles organische Leben sich notwendig in großen und kleinen Rhythmen entfaltet, vermag der Mensch Klang, Reim und Rhythmus in unterschiedlichen Lebensstufen verschieden aufzugreifen und nach Maßgabe seiner Persönlichkeit zu variieren, zu erproben und zu umspielen. Die Lust daran, Sprache körperlich zu erleben, kann dann bereits durch die Zeit im Waldorfkindergarten gestärkt werden. Schon hier hört das Kind rhythmische Geschichten, in denen viele Wiederholungen die einfache, sich entwickelnde Handlung immer wieder von Neuem strukturieren. Ausgewählte Märchen und vor allem der sogenannte Reigen unterstützen und stärken die sprachliche Entwicklung des kleinen Kindes. Die Erzieherin macht hierbei mit ihrer durchgestalteten Sprache und ihren sinnvoll geführten Bewegungen und Gesten sinnlich und sichtbar vor, was die Kinder dann unmittelbar an der tätigen menschlichen Gestalt des Erwachsenen ablesen und nachahmen. Die «Texte» werden von den Kindern nicht auswendig gelernt. Sie «verinnerlichen» sich durch die Wiederholung. Eine so verstandene Kindergartenarbeit, die sich in umfassendem Sinn der Sprachpflege widmet, befestigt den Menschen in seinem Gefühl der Lebenssicherheit. Sie führt fort, was das Kind in der eigenen Familie kennengelernt hat, und sie legt den entscheidenden Grundstein, auf dem das sich anschließende schulische Lernen aufbauen kann.

Man kann zusammenfassen: In den ersten Jahren des Lebens geht jeder Mensch bei seiner Muttersprache in die Schule. Diese Sprache ist größer, weiser und lebendiger als der Einzelne. Sie schenkt uns die Fähigkeit, das genaue Hören auszubilden. Wir entwickeln ein Gefühl für Klänge und sprachliche Nuancen. Unser inneres Empfinden und Denken wird sprachlich im gleichen Atemzug erlebt wie das tätige Sprechen selbst. Die Muttersprache gibt die kompliziertesten Formen und grammatischen Regeln vor, die aber noch nicht als Regeln empfunden werden. Das Kind erlebt nur ihr bildsames Wesen, das es selbst anwenden kann und erüben möchte (z. B. beim Bilden des Tempus: «Ich gingte.» Oder im Gebrauch des Konjunktivs: «Du *wärst* jetzt mein Kind und ich *wär'* deine Mutter»). In der Sprache wirkt die Grammatik, ohne dass wir ihrer bewusst würden. Sprechen und Hören sind sich einander bedingende Gesten eines ganz intimen Menschwerdungsprozesses. Die sprachliche Bildung kommt nicht ergänzend zu einer ohne sie sich gewissermaßen automatisch entfaltenden Individuation des Menschen hinzu, sondern sie ermöglicht diese erst.

Im Grunde «erhellt» August Kopisch mit seinen «Heinzelmännchen» und dem aufklärerischen Licht der Schneidersfrau einen allgemein menschlichen Prozess, der sich nicht allein im Wechsel von Nacht und Tag, von Unbewusstsein und Bewusstsein vollzieht, sondern der auch den Übergang von der frühen in die mittlere Kindheit, die eigentliche Schulzeit, bezeichnet. Es ist die bildhafte Beschreibung einer Metamorphose, bei der sich diejenigen Wachstums- und organbildenden Kräfte, die den menschlichen Leib in den ersten Jahren nach seiner physischen Geburt aufbauen und erhalten, allmählich umgestalten. Diese unbewussten und vornehmlich den menschlichen Leib bildenden Kräfte emanzipieren sich um das sechste, siebente Lebensjahr herum gewissermaßen zu einem Teil von ihrer bisherigen Arbeit und können nunmehr als Bewusstseinskräfte hervortreten. Für unseren Zusammenhang bedeutet das: Sprache wurde bisher geschenkt. Man tauchte mit ererbten Kräften in sie hinein und erfuhr täglich ihre beglückenden Wirkungen im Sprechen. Nunmehr erscheint die Sprache im Licht des Bewusstseins. An die Stelle der Nachahmung der Erwachsenensprache tritt jetzt immer mehr das Maßnehmen an der Autorität der sprechenden Persönlichkeit.

3. Die Muttersprache in der Schule Unter- und Mittelstufe – das zweite Jahrsiebt

Die Lust und die Freude des rhythmischen Sprechens und des Neuschöpfens von Worten sind Kindern abzulesen. Diesem Bedürfnis zum «spielerischen Trieb» kommen die mannigfaltigsten Kinderverse, Reime und Zungenbrecher, die Rätsel, Fingerspiele und Abzählverse im Unterricht der ersten Klasse nach.[18]

Sprechenlernen ist ein real *geistiger Vorgang*, durch den all-

18 Vgl. Ernst Bühler: *Scheine, Sonne, scheine. Kinderverse und Gedichte aus dem Wunderland der Sprache.* Bern und Stuttgart ⁴2007.

gemein wirkende Bildeprozesse leib- und wortgestaltend den Menschen erzeugen. Deshalb werden die Lehrer aller Fächer darauf achten, ihre eigene Lehrersprache bildhaft, verantwortlich und wahrhaftig zu gebrauchen. Der Erwachsene ist das wichtigste Medium im Erlernen der menschlichen Sprache. Ausgangspunkt der muttersprachlichen Didaktik an der Waldorfschule ist nicht ein soziologisch bedingter oder entwicklungspsychologisch zu konstatierender «restringierter Code» (Basil Bernstein)[19] der Kinder, der durch kompensatorische Übungen zum «elaborierten» heraufgehoben werden müsste. Nicht das Defizit steht am Beginn des Sprechenlernens, sondern die noch unspezialisierte Fülle. Kein Funktionsmodell (Karl Bühler), keine Theorie der Sprechakte (John S. Searle) und noch weniger die Vorstellung, Sprache liefere lediglich Etiketten für das in der Welt Gegebene, sind als Paten des muttersprachlichen Unterrichts zu benennen. Bedeutungen gehen der Sprache nicht voran, sie wirken nicht sprachorganisierend. Das Umgekehrte ist der Fall. Die Sprache ist Mittel, in dem Gedanken begriffen werden und das Selbstbewusstsein entsteht.

Rudolf Steiners Ansatz hebt darauf ab, dass Sprechen aber auch ein *physischer Vorgang* ist, an dem Atem, Kehlkopf, Zähne, Zunge, Lippen usw. beteiligt sind. Dieses leibliche Instrumentarium soll geübt werden. Darüber hinaus gilt es schließlich, das sinnliche Material der Sprache zu empfinden und zu pflegen: Töne, Laute, Vokale, Konsonanten, Pausen. Sprechen ist nicht zuletzt ein *seelischer Vorgang*. Dunkle Stimmungen, helle Freude, weiche Melodik und kantig gemeißelte Wortklänge harmonisieren Gefühl und Empfindung auch dann, wenn den Schülern der Sinn des Gesprochenen mitunter noch lange verborgen bleibt. Viele empirische Studien haben

19 Vgl. zu Bernstein, Bühler, Searle et al.: *Funktionen der Sprache. Arbeitstexte für den Unterricht.* Stuttgart 1974.

33

bewiesen, dass für den späteren Erwerb der Schriftsprache in der Schulzeit der Umgang mit Lauten, also der Aufbau der sogenannten phonologischen Bewusstheit, in der Vorschulzeit von grundlegender Bedeutung ist.[20]

Manche Fächer des Hauptunterrichts und viele Stunden des Fachunterrichts beginnen deshalb von der ersten bis zur zwölften Klasse immer wieder mit einer Phase des gemeinsamen Sprechens. Übungen zur Artikulation, zur Geläufigkeit oder zum richtigen Sprechansatz gehen der eigentlichen Rezitation und Deklamation eines Gedichtes voraus, das chorisch erarbeitet wird. Der «rhythmische Teil» eröffnet den Schülern künstlerisch die Kräfte des Wollens, Fühlens und Denkens.[21] Sprechen lernen heißt also auch Sprechen üben! Die Erwachsenen, die Eltern und Lehrer, sind konkrete Vorbilder. Die Kinder sprechen so, wie wir sind! Auch in der Schule werden die «Texte» noch nicht für den privaten Raum als zu lernende Hausaufgabe aufgegeben. Sie werden einfach durch das künstlerische Sprechen selbst allmählich und sicher memoriert. In der Waldorfpädagogik war diesbezüglich von Anfang an Praxis, was an anderen Orten lange Jahre verpönt erschien, aber allmählich wieder ins Bewusstsein gerückt wird: *Auswendig zu lernen heißt, dem Text oder der Musik eine innewohnende Klarheit und Lebenskraft zu verleihen, sie zu ver-innerlichen. Ben Jonsons Begriff «ingestion» trifft die Sache genau. Was wir auswendig kennen, entfaltet eine Wirksamkeit in unserem Bewusstsein, wird zu einem «Schrittmacher» für das Wachstum und die wesensmäßige Differenzierung unserer Identität.*[22] Für die Schule gilt deshalb: Bildematerial sind gestaltete Sprachkunstwerke, um deren ästhetische und poetische Qualität in einer

20 Hildegard Kaulen: «Bewusster Umgang mit Lauten». *FAZ*, 14.11.2007.
21 Christa Slezak-Schindler: *Künstlerisches Sprechen im Schulalter.* Stuttgart 1978.
22 George Steiner: *Von realer Gegenwart. Hat unser Sprechen Inhalt?*, München 1990, S. 21.

sinnlichen Zuwendungsgeste geworben wird, nicht triviale Texte, die kognitiv erkannt und kritisch verworfen werden. Im Lauf des ersten Schuljahres gesellt sich zur rein mündlichen Kommunikation allmählich das Schreibenlernen hinzu. Die Lehrerin oder der Lehrer wird versuchen, *allmählich dasjenige, was das Kind in der Nachahmung selber entwickeln will durch seinen Willen, durch seine Hände, auch hinzuleiten zum Schreiben.*[23] So wird der Lehrer vielleicht in künstlerischer Form einen springenden Fisch an die Tafel malen und aus dessen bildhaften Umrissen den abstrakten Buchstaben F entwickeln. Er ermöglicht in diesem Übergang von der Imagination zum Intellekt, vom Mythos zum Logos für das Lernen des einzelnen Menschen denselben Schritt, den die Menschheit insgesamt gegangen ist. Das Kind «arbeitet» sich mit seinen Gefühlen und Gebärden vom Hören zum Sprechen, vom nachahmenden Sprechen zum Malen, vom Malen zum Schreiben voran. Der Weg geht vom Erleben über das Bild zur Schrift. Und so geht es Buchstabe um Buchstabe. Die ganze Welt ist ein unausschöpfliches Bilderbuch, das sich im Alphabet widerspiegelt. Erst danach wird aus der malenden und schreibenden Betätigung der Glieder das abstrahierende Lesenlernen entwickelt. Dieser Ansatz, der die Sprache als etwas Wesenhaftes und Umfassendes versteht und der sich auf die Entfaltung aller körperlichen, seelischen und geistigen Bereiche des Menschen erstreckt, ist die Grundlage des muttersprachlichen Unterrichts.[24]

Schreiben und Lesen sind ja insofern komplizierte Vorgänge, als sie sich aus der Codierung bzw. Decodierung willkürlich

---

23 Rudolf Steiner: *Die geistig-seelischen Grundkräfte der Erziehungskunst.* Oxford 1922. GA 305 (5. Vortrag), Dornach [3]1991

24 Vgl. Erika Dühnfort / Ernst-Michael Kranich: *Der Anfangsunterricht im Schreiben und Lesen in seiner Bedeutung für das Lernen und die Entwicklung des Kindes.* Stuttgart 1992.

gesetzter Zeichen ergeben. Hinzu kommt, dass sich unsere Schrift aus Elementen der einzelnen Klangeinheiten (Laute) zu Buchstaben formt. Das reine aneinanderreihende Malen oder das Lesen der einzelnen Buchstaben ist noch nicht Schreiben- und Lesen-Können. Der Sinn dieser Tätigkeiten besteht erst in der Vermittlung von Sprache und gedanklichen Zusammenhängen. Deshalb setzt die Fähigkeit zu schreiben oder zu lesen voraus, dass der Mensch sinnlich gegebene Zeichen als Zusammenhänge erfasst. Diesen Vorgang leistet das Kind bereits am Anfang seines Lebens, wenn es zum Beispiel die physiognomische Geste der Bezugsperson in ihrer Bedeutung erfasst. Der lächelnde und strahlende Erwachsene wird ganz anders vom Kind erlebt als der grimmig dreinschauende. Wahrnehmungspsychologisch ist es eben höchst aufschlussreich, dass wir zwischen der Wahrnehmung von Zusammenhängen und der Vorstellungsbildung, dass Zusammenhänge einer bestimmten Art bestehen, zu unterscheiden haben. Das Denken entzündet sich immer an Wahrgenommenem. So wie alle Sinne gepflegt oder vernachlässigt oder gar korrumpiert werden können, verhält es sich auch mit diesem Sinn, der Zusammenhänge wahrnimmt. In der Psychologie der Waldorfpädagogik wird er als «Denksinn» bezeichnet. Wir werden im Hinblick auf den Deutschunterricht der Oberstufenzeit noch näher darauf einzugehen haben. Aber bereits der Vorgang des Spracherwerbs macht diesen Zusammenhang sofort deutlich. Das Kind lernt in der Beziehung zu den Menschen seiner Umgebung das Sprechen, ohne ein gedankliches oder vorstellungsmäßiges Verständnis der Sprache zu besitzen. Es käme kein Erzieher auf die Idee, einem Kleinkind die Sprache zu erklären. Das wahrnehmende Verhältnis über die Menschen zur Sprache reicht aus, um sich in ein so kompliziertes Wesen wie die Muttersprache hineinzuleben. Das Kind erfasst eben über die Wahrnehmung die Tatsache, dass in der Sprache Zusam-

menhänge und eine innere Ordnung, ein «Sprachprinzip»,
walten. Bis die einzelne Person am Ende der Oberstufe die
ganz individuelle Ausdrucksform im mündlichen und schriftlichen Stil erworben und sich damit sprachlich emanzipiert
hat, geht sie bei der Muttersprache in die Schule.

Ein kurzer Lehrplanüberblick über die Klassen 1 bis 8

Die Waldorfpädagogik macht ernst damit, die Erziehung
nicht nur auf die einseitige Ausbildung der Vorstellungs- und
Begriffsebene zu beschränken, sondern den ganzen Leib zu
bilden. An immer mehr Waldorfschulen ist das sogenannte
bewegte Klassenzimmer eingerichtet worden. Die Kinder sit-
zen nicht mehr still und bisweilen eben auch eingezwängt auf
Stühlen und an Bänken, wie es üblicherweise der Fall war.
Kleine Sitzmöbel und -kissen, die sich leicht wegräumen lassen, ermöglichen einen Freiraum, der nun allen möglichen
Bewegungen und Tätigkeiten Platz schafft. Mit Händen und
Füßen wird geklatscht und gestampft. Das rhythmische Sprechen geht wirklich bis in die Glieder hinein. Die Sinnlichkeit,
Schönheit und Wahrhaftigkeit der Sprache, ihre individuali-
sierende Kraft und ihre gemeinschaftsbildende Macht sollen
vor allem auch im Umgang mit Dichtung erfahren werden.
Der Lehrende wählt, in den ersten Jahren ohne ein geschrie-
benes Buch zwischen sich und die Kinder zu stellen, im freien
Ton und Gestalten den Erzähl- und Lesestoff, der in epischer,
lyrischer oder dramatischer Weise die Entwicklungsphasen
der Kindheit (und der Menschheit) begleitet. Die Kulturgene-
se und die Individualgenese berühren sich.
  Obgleich jede Lehrerin und jeder Lehrer ganz gewiss die
Freiheit haben müssen und sie sich auch nehmen, den Gang

ihres Curriculums mit guten Argumenten aufzubauen (denn schließlich orientieren sie sich an ihrer konkreten Klasse und Kinderschar), ergibt sich doch folgende kurze Übersicht über die Inhalte des muttersprachlichen Unterrichts (Sprachpflege, Sprecherziehung, Erzählstoff, Grammatik) in der Unter- und Mittelstufe bis zur achten Klasse, die auf allgemeine Gesetzmäßigkeiten der kindlichen Entwicklung Rücksicht nimmt:

1. Klasse

In der ersten Klasse findet noch kein Unterricht in der Grammatik statt. Im Mittelpunkt steht das lebendig gesprochene Wort. Es ist hilfreich, wenn die Lehrerin bzw. der Lehrer wöchentlich selbst bei der an der Schule angestellten Sprachgestalterin oder dem Sprachgestalter die eigene Sprache und Aussprache erüben. Das Sprechen soll ja nicht vorrangig nur Informationen übermitteln, sondern sich klangvoll, warm und bildhaft gestalten, damit die Kinder sich bis in ihr physisches Wohlergehen hinein in den Sprachstrom einleben können. Die Lehrersprache ist, wir sagten es bereits, nicht nur in diesem Alter das wichtigste Medium des muttersprachlichen Unterrichts. Auch der täglich sich wiederholende und bis in die vierte Klasse hinein von allen Schülerinnen und Schülern gemeinsam gesprochene *Morgenspruch*, von Rudolf Steiner gegeben, weckt die Sinne, schult die Aussprache und stärkt die Seele.

> Der Sonne liebes Licht,
> Es hellet mir den Tag;
> Der Seele Geistesmacht,
> Sie gibt den Gliedern Kraft;
> Im Sonnen-Lichtes-Glanz
> Verehre ich, o Gott,

Die Menschenkraft, die Du
In meine Seele mir
So gütig hast gepflanzt,
Dass ich kann arbeitsam
Und lernbegierig sein.
Von Dir stammt Licht und Kraft,
Zu Dir ström' Lieb' und Dank.

Besonders aufregend ist für jeden neuen Erstklässler naturgemäß bereits die erste Stunde am ersten Schultag. Mit großer Aufmerksamkeit verfolgen sie, wie ihre Lehrerin oder ihr
Lehrer mit der Kreide und einer ruhigen Hand einen dicken
und geraden Strich auf die Tafel zeichnet. Nun dürfen alle
Kinder nacheinander hervortreten, um im eigenen Versuch
ihre «Gerade» danebenzusetzen. Diese Art des ganz anfäng-
lichen und elementaren Zeichnens, aus der später in der fünften Klasse die Freihandgeometrie entwickelt wird, nennt der
Waldorfpädagoge das «Formenzeichnen». Es geht dabei also
von Anfang an nicht primär darum, ein gegebenes Resultat
abzuzeichnen, sondern im Prozess des eigenen Tuns gestalt-
bildende Fähigkeiten und innere lebhafte Empfindungen zu
veranlagen. Wenn das Kind – und später der junge Mensch –,
so Ernst-Michael Kranich über das «Formenzeichnen», *in den
Formen der Natur – in denen der Landschaft, der Pflanzen, der
Tiere usw., in denen der Kunst und der anderen Werke mensch-
licher Tätigkeit – die Formgebärden erlebt, wird sein Verhältnis
zur Welt konkret und reichhaltig. Das gewöhnliche Anschau-
en, das noch nicht von den plastisch-architektonischen Kräften
durchdrungen ist, kann nur das Gewordene, das in der Form
Erstarrte oder Erstorbene erfassen. Es beschränkt das menschliche Bewusstsein auf das, was in der Welt das Tote ist. Mit dem
gestaltend tätigen Anschauen aber bleibt der Mensch nicht an
der Oberfläche des Gewordenen stehen, er kann in das innere*

Leben der Dinge eindringen.[25] Schon am ersten, spätestens am zweiten Tag wird die Bewegungsspur der Linie weiter verfolgt. Nun tritt neben die «Gerade» mit der gebogenen Linie die polare Möglichkeit, die «Krumme». Aus der Geraden und der Gebogenen kann ein erstes Wort entstehen: I C H. Die Epoche des zeichnerischen Übens, die nun alle denkbaren Formen entfaltet, geht in jedem Fall dem eigentlichen Schreiben voran. Erst wird der Wille angeregt, der das Gefühl durchwärmt, um später im Vorstellen zu erwachen. Danach werden nun Tag um Tag die großen Buchstaben behutsam und über Wochen hin eingeführt. Der Lehrer erzählt eine Geschichte, die immer einen neuen Buchstaben besonders charakterisiert, der dann in ein gemaltes Tafelbild umgesetzt wird. Auch die Personen der Geschichte und die Art, wie sie erzählt wird, sollten bereits die gewünschte Stimmung erzeugen, die zu dem jeweiligen Buchstaben passt. Aus dem Bild heraus erscheint dann allmählich das abstrakte Zeichen. Die Kinder *empfinden* so die besonderen Qualitäten der Konsonanten. Sie können etwa wach werden für das Umhüllende und einen Innenraum Eingrenzende eines B in den Worten Berg, Baum oder Bär. Das Bewegte rauscht im Laut des W: Welle, Wolke, Wind. Vielleicht ist es nicht nötig, unbedingt jeden Buchstaben auf diese Art an der Tafel einzuführen. Alle Konsonanten aber bilden in gewisser Weise Gegenstände und Wirkungen der Außenwelt ab. Die Vokale dagegen können unmittelbar als Ausdruck innerer Empfindungen gebildet, gehört und erlebt werden. Gerade die eurythmischen Gebärden, die das Sprechen begleiten, unterstreichen sinnenfällig, was die Selbstlaute ertönen lassen. Es ist ganz natürlich, die Geste des Staunens mit den ausgebreiteten Armen zu einem A erstehen zu lassen oder das Gefühl einer dunklen Schlucht mit dem eurythmischen U zu

---

25 Tobias Richter (Hrsg.): *Pädagogischer Auftrag und Unterrichtsziele – vom Lehrplan der Waldorfschule*, Stuttgart ²2006, S. 465f.

bilden. Wesentlich ist das innere Miterleben bei den Beispielen, die ausgewählt werden.[26] Das trifft auch für die Bildung des Wortschatzes zu. Erste Wörter werden in Druckbuchstaben aufgeschrieben, dann kleine Sätze und Verse. An den geschriebenen Wörtern wird das erste Lesen geübt. Als Erzählstoff wird der den Kindern vertraute Märchenschatz (z. B. aus der Sammlung der Brüder Grimm) ausgeweitet: *Der einfache, vorwiegend parataktische Satzbau – wo er vom Erzählenden aufgenommen und konsequent durchgehalten wird – hilft verhindern, dass sich subjektive Gefühle einmischen und die Märchen aus ihrem Bereich der Imagination in den der Alltagswelt herunterzerren, wo sie alle Gültigkeit verlieren.*[27]

Das Volks- und Kindermärchen schließt an jedem Tag den Hauptunterricht ab. Neben die eigentlichen Märchen tritt aber in den ersten Jahren, oft schon gleich nach dem Morgenspruch, die sogenannte *sinnige Geschichte*. Es handelt sich dabei um eine kurze Erzählung, in der in bildhaft-symbolischer Weise die Rätsel und Geheimnisse der mineralischen und pflanzlichen Welt, des vielfältigen Tierreiches, der Heimatkunde oder des Sternenhimmels anschaulich zur Sprache kommen. Die Blumen, Tiere und Elementarwesen sprechen miteinander. Das den «*Sinnen Innige*» wird, im wahrsten Sinn des Wortes, *sinnvoll* und den Sinnen zugänglich entfaltet. Ein erst später einsetzendes und zu schulendes naturkundliches Urteil, das Quantitäten messen, wägen und zählen wird, erfährt hier anfänglich die bildhafte Deutung von Qualitäten. Das Kind lernt, die Sprache der es umspielenden Wesen zu verstehen. In seiner schönen Sammlung «Sinnige Geschichten» hat Gerhard Nast aus seiner langjährigen Klas-

---

26 Vgl. Martin Tittmann: *Lautwesenskunde, Erziehung und Sprache*, Stuttgart 1979.

27 Tobias Richter (Hrsg.): *Pädagogischer Auftrag und Unterrichtsziele – vom Lehrplan der Waldorfschule*, Stuttgart ²2006, S. 103.

senlehrererfahrung eine Fülle selbst erfundener Erzählungen vorgelegt.[28] Schon die Titel lassen ahnen, um was es geht: *Vom Marienkäfer und der Fichte. – Brauchen Fliegen Regenschirme? – Was drei Bäume im Herbst so miteinander schwätzen.* Aber der Autor möchte nicht nur, dass man seine Geschichten nacherzählt, er möchte auch dazu anregen, selbsttätig zu werden und eigene Gleichnisse zu entwickeln. Denn die dadurch im Lehrer selbst frei werdende exakte Fantasie ist es, die auf das Kind wirkt. Rudolf Steiner regte deshalb an: *Alles, was das Kind von Pflanze, Tier, Mineralien, von Sonne, Mond, von Bergen, Flüssen lernt, soll eigentlich bis zum vollendeten 9. Lebensjahr in dieser Form hineingegossen sein; denn das Kind verbindet sich mit der Welt. Welt und Kind, Kind und Welt ist eines für diese Lebensjahre.*[29]

2. Klasse

Für das vorangegangene Schuljahr hatten die Kinder erstmals ein *Zeugnis* mit nach Hause bekommen, in dem der Klassenlehrer ausführlich und sehr individuell einen charakterisierenden Text über die Fortschritte und Aufgaben ihres schulischen Lernens und Lebens entworfen hatte. Dieses Textzeugnis ist aber vornehmlich nicht direkt für das Kind bestimmt, sondern für dessen Eltern. Mit dem sogenannten *Zeugnisspruch* aber, der den Text des eigentlichen Zeugnisses beschließt, werden die Kinder direkt angesprochen. Das freilich hat in einer Weise zu geschehen, die den Schüler aufmunternd und fröhlich darin einbeziehen möchte, dass er sich gern neuen Erfahrungen öffnet. Sein Ehrgeiz sollte nicht geweckt und Angst sollte nicht erzeugt werden. Zeug-

28 Gerhard M. Nast: *Sinnige Geschichten.* Herausgegeben von der Pädagogischen Forschungsstelle beim Bund der Freien Waldorfschulen. Stuttgart 2005.
29 Ebenda, S. 16.

nissprüche sind kurze Verse, Gedichte und Sprüche, in denen liebevoll und kunstvoll zusammengefasst wird, wovon der Lehrer meint, *dass es richtungsweisend seinen Schüler im folgenden Jahr begleiten soll.*[30] Was möchte er einem etwas zu verträumten Mädchen bildhaft sagen, damit es seine Fähigkeiten in Zukunft besser ergreift? Wie ist einem unruhigen Jungen zu helfen, der auf äußere Ermahnungen nur widerwillig reagiert? Die kleinen Gedichte, die der Lehrer auch selbst und ganz individuell für ein besonderes Kind und dessen Temperament anfertigen kann, sind in der Regel in guten Anthologien zu suchen oder in der Sammlung erfahrener Waldorflehrer zu finden.[31] Ein kurzes Beispiel sei zur Verdeutlichung zitiert:

Mein Tagwerk tu ich gerne:
Schaffe! heißt es und lerne!

Mein Weg ist gar weit:
Geduld heißt er und Zeit!

Mein Werkzeug ist gut:
Kraft heißt es und Mut![32]

---

30 Heinz Müller: *Von der heilenden Kraft des Wortes und der Rhythmen. Die Zeugnissprüche in der Erziehungskunst Rudolf Steiners.* Stuttgart [4]1995, S. 16.
31 Zum Beispiel bei Martin Tittmann: «*Zarter Keim die Scholle bricht...*». *Zeugnissprüche für die Klassen 1 – 8.* Stuttgart 1981. – Lore Schäfer: *Aus der Arbeit einer Lehrerin. Zeugnissprüche und Klassenspiele.* Stuttgart 1971 – Helmut von Kügelgen: *Spiele und Zeugnissprüche.* Stuttgart 1976.
32 Gabriele Böttcher: *Zeugnissprüche. Aus der Arbeit eines Waldorflehrers.* Hamburg o.J., S. 19.

Was geschieht nun mit den Zeugnissprüchen im Unterricht der zweiten Klasse? Nach dem vertraut gewordenen Morgenspruch, oder etwa am Ende des rhythmischen Teils, der weiterhin und durch alle Schuljahre hindurch jeden Hauptunterricht einleitet, ergibt sich eine Neuerung, die in der ersten Klasse noch nicht vorhanden war. Jedes Kind kommt nach vorn an die Tafel und spricht seinen persönlichen *Zeugnisspruch,* den es vom Lehrer erhalten hat, während die übrigen Schüler lauschen. Da nun aber nicht alle dreißig oder mehr Schüler einer Klasse täglich ihren Spruch nacheinander aufsagen können, haben die Lehrer vielfältige Variationsmöglichkeiten. Üblich ist es zum Beispiel, dass an jedem Wochentag nur diejenigen Schülerinnen und Schüler ihren Spruch aufsagen, die an diesem Tag geboren wurden. Ein ganzes Jahr jedenfalls begleitet der Spruch das einzelne Kind und die Klasse. Er ist eine wesentliche Hilfe im muttersprachlichen Unterricht. Den *Erzählstoff* bilden jetzt vornehmlich Geschichten aus der Tierwelt in Verbindung mit der Fabel und Legenden aus dem gesamten europäischen Raum. Inhaltlich stellen Fabeln und Legenden extreme Positionen des menschlichen Wirkens dar: *in den Tier- und sonstigen Fabeln Einseitigkeiten, wie sie sich aus dem leiblich-seelischen Gefüge ergeben (Habgier, List, Missgunst); die Legenden überhöhen das Menschenbild, der Heilige harmonisiert in sich die Einseitigkeiten und holt aus seiner Hinwendung zu Gott die Kraft, den Mitmenschen zu dienen.*[33] Für die mündliche und schriftliche Ausdrucksfähigkeit gilt unter anderem: Wortbild erkennen. Auswendigschreiben leichter Wörter. Die kleinen Druckbuchstaben werden eingeführt und das Lesen erübt. Noch immer findet kein gesonderter Unterricht in der Grammatik statt.

33 T. Richter (Hrsg.), a.a.O. (Anm. 27), S. 107.

3. Klasse

Die Kinder überschreiten im neunten Lebensjahr eine biografisch wichtige Schwelle. Das bisherige Ich-Gefühl der frühen Kindheit verändert sich stärker zu einem ersten Ich-Bewusstsein. Die Kluft zwischen Umgebung und Ich wird oft als verstörend empfunden. Das Heraustreten aus dem glücklichen Zustand der Kinderzeit, die «Vertreibung aus dem Paradies», wird nicht durchschaut, aber erlebt. Das Kind «findet sich plötzlich im verwandelten Köln vor», wenn wir an die «Heinzelmännchen» denken wollen. Um die nun einsetzende individuelle Distanz zur Ordnung der Welt auszugleichen, wird an die mythische Erinnerung der Menschheit gedacht. Das Paradies gilt als verloren. Es ersteht aber erneut im erinnernden Bewusstsein. Als *Erzählstoff* wählt der Lehrende seine Beispiele aus der Biblischen Geschichte als Teil der allgemeinen Geschichte aus. Der Bogen wird von der Schöpfung der Welt bis hin zu den Propheten gespannt. Was der Lehrende auswählt, ist ihm freigestellt. Aber es ist wichtig, *dass er sich bemüht, durch Verbleiben in der kraftvollen Sprache des Alten Testamentes die Geschehnisse in der Höhe und Ferne zu belassen, in denen allein ihre Wirklichkeit liegt.*[34] In diesem Schuljahr findet die erste eigentliche *Grammatik-Epoche* statt. Wichtiger als das Üben und Lernen ist dabei, dass das Kind ein wirklich vertieftes Empfinden der grammatischen Strukturen entwickeln kann. Die Wörter oder Sätze sind «wesenhaft» zum Erlebnis zu bringen.[35] Wie ist der Charakter einer bestimmten *Satzart*? Was sind die Qualitäten einer Frage, einer Antwort, eines Befehls

34 T. Richter (Hrsg.), a.a.O. (Anm. 27), S. 110.
35 Als Anregung für den Lehrer kann ein unkonventionelles Jugendbuch dienen, das sich gerade dezidiert um die Unterscheidung eines lebendigen und «toten» Grammatikunterrichts bemüht. Vgl. Erik Orsenna: *Die Grammatik ist ein sanftes Lied.* München / Wien 2004.

oder einer Aufforderung? *Erste kleinere Aufsätze* werden geschrieben. Im Zusammenhang mit der «Landbau»-Epoche kann nun alles gesammelt werden, was der Bauer tut. Die *Wortarten* werden entdeckt. Um die «Tuwörter» zu festigen, kann ein Frage helfen: Was tun wir alles, bevor wir morgens zur Schule gehen? Mit Rätseln lassen sich die Hauptwörter finden. Und wie etwa die Heinzelmännchen waren, sagen uns nun die «Wiewörter». Rechtschreibübungen sind hilfreich, aber möglichst getrennt von dem, was aus spontaner Freude von den Kindern aufgeschrieben wird. Das sollte nicht pedantisch korrigiert werden. Aus dem Formenzeichnen entwickelt sich nun mit der Feder und Tinte die lateinische Schrift. *Im Lesen spielt das Vorlesen-Üben eine immer größere Rolle.*[36]

4. Klasse

Im Anschluss an die biblische «Sicht» der Schöpfung und auch bisweilen im Gegensatz zu ihr treten mit dem neuen Schuljahr als Erzählstoff Auszüge aus der Edda, Szenen aus der alten Geschichte und aus anderen Sagen hinzu (Rübezahl, Schildbürger, Till Eulenspiegel usw.). Die Vergleiche der Überlieferungen miteinander und die erwachenden Fragen nach der «Wirklichkeit» dieser Berichte kommen dem kindlichen Forscherdrang, dem Staunen, aber auch den ersten Zweifeln entgegen. In der Grammatik werden die Temporaformen der Verben geübt (Vergangenheit, Gegenwart, Zukunft). Die Verben stellen einen Bezug zur Zeit her. Sie sollen nicht als Stammformen gelernt werden – wie etwa im Fremdsprachenunterricht –, sondern in ihrer besonderen Qualität empfunden werden. Die Präpositionen vermitteln dem Schüler ein Verhältnis der Dinge im Raum. Wir schauen aus dem Fenster. Was sehen wir vor uns, was neben, hinter,

36 T. Richter (Hrsg.), a.a.O. (Anm. 27), S. 114.

über oder unter uns? Erste kurze Diktate im Hinblick auf die Rechtschreibung werden gegeben. Die Nacherzählung als Übung zur Aufsatzerziehung muss nicht unbedingt gesondert veranlagt werden. Die Kinder können auch einfach eine vom Lehrer gehörte Geschichte nacherzählen oder sie schreiben ihre Beobachtungen zu Tieren auf, von denen sie in der Tierkunde-Epoche erfahren haben. Dass ein Aufsatz eine Einleitung, einen Hauptteil und einen Schluss benötigt, ist richtig, aber manchmal ist es vollkommen hinreichend, wenn die Schüler das jeweils Wesentliche eines Themas charakterisiert haben.

5. Klasse

Dem Alter der Kinder gemäß beginnt nun der Unterricht mit einem neuen Morgenspruch. Er wird sie bis zum Schluss ihrer Schulzeit begleiten.

Jetzt geht es um die Begegnung von außen und innen, von oben und unten, von Welt und Seele. Im Sprechen bewegt sich der Schüler, zunächst noch unbewusst, zwischen den Polen, die das Leben bilden. Der Rhythmus der Worte und Sätze wird ergänzt durch das wechselnde Aus- und Einatmen des bildhaften Textes. Wenn man später einmal Zwölft- oder Dreizehntklässler unvorbereitet bittet, den Text des Morgenspruches, den sie über Jahre hin täglich gesprochen haben, spontan aufzuschreiben, so ist man erstaunt, wie schwierig dieses Unterfangen ist. Die Worte, Rhythmen und Bilder haben sich derart unbewusst mit der empfindenden Seele verbunden, dass es eines Kraftaktes bedarf, sie ins Licht der klaren Vorstellung zu heben.

Ich schaue in die Welt,
In der die Sonne leuchtet,
In der die Sterne funkeln;
In der die Steine lagern,
Die Pflanzen lebend wachsen,
Die Tiere fühlend leben,
In der der Mensch beseelt,
Dem Geiste Wohnung gibt;
Ich schaue in die Seele,
Die mir im Innern lebet.
Der Gottesgeist, er webt
Im Sonn'- und Seelenlicht,
Im Weltenraum, da draußen,
In Seelentiefen, drinnen. –
Zu Dir o Gottesgeist
Will ich bittend mich wenden,
Dass Kraft und Segen mir
Zum Lernen und zur Arbeit
In meinem Innern wachse.

Im rhythmischen Teil können nun ganz unterschiedliche Motive (Szenen aus der morgenländischen Geschichte: Veden, Bhagavadgita; in Anlehnung an die Geschichtsepochen) und vielfältige lyrische Formen ausgewählt und gesprochen werden (Hexameter, Pentameter usw.). Fontanes «Herr von Ribbeck» wird gern auf vielen schulischen Monatsfeiern vorgetragen. (Eventuell ist das Gedicht aber auch besser in der 6. Klasse aufgehoben, wenn die Arbeit mit Balladen beginnt.) Beispiele aus den alten Kulturen (Gilgamesch, Buddha) bilden jetzt den Erzählstoff. Gemeinsames Lesen oder Vorlesen kann ergänzend mit leichteren und von den Kinder geliebten Kinderbüchern geübt werden (Astrid Lindgren, Otfried Preußler usw.). In der Grammatik: erste Satzlehre.[37] Nicht jeder Lehrer wird bereits in der 5. Klasse das Aktiv und Passiv oder die direkte und indirekte Rede behandeln wollen, aber möglich ist es schon. Wichtig werden jetzt die vier Fälle, und das Spektrum der Wortarten wird ausgeweitet. Für das Aufsatzschreiben kommen Beschreibungen bestimmter Naturphänomene, knappe Geschäftsbriefe oder Suchmeldungen («Meine Katze ist entlaufen») in Betracht, kurz, alles, was etwas mit der Praxis des Lebens zu tun hat. Auch wenn es nachvollziehbar ist, dass *Erlebnis- und Fantasieaufsätze(...) dem Oberstufenalter vorbehalten (sein sollten), in dem sich die Urteilsfähigkeit der Schüler entwickelt,*[38] so können durchaus schon *kleine Erlebnisaufsätze* im Rahmen der Tierkunde-, Pflanzenkunde- oder Geografie-Epoche ganz ungezwungen und natürlich den Unterricht bereichern. Dazu bedarf es keiner gesonderten Aufsatzerziehung. Auch *Rätsel*, die von den Kindern erfunden werden, schulen das Schreiben und die Fantasie. Aus einem Epochenheft zur Pflanzenkunde sei ein Beispiel zitiert. Ein Mädchen schreibt über eine Blume, die im Unterricht behandelt wurde: *Die Blume ist weiß, wächst am frühsten von allen Blumen, aber auch am spätesten von allen Blumen. Die Blume hat fünf weiße, sehr runde und mit kleinen Spitzen versehene Blätter. Wenn die Blume schon fast verwelkt ist, wechselt sich die Farbe von weiß auf gelb / braun oder grün. Dann verwelkt sie bald. Sonst ist sie aber schneeweiß. Die Blume blüht drei bis fünf Monate lang und meist, wenn es kälter ist als im Frühling. Sie hat, wie ich vermute, keine Zwiebel als Wurzel, sondern Fädenwurzeln. Tipp: Sie hat einen von einem Feiertag benannten Namen, den die ganze Welt feiert (glaube ich zumindest). Welche Blume ist das?* Natürlich, es ist die Christrose. Der Lehrende

---

37 Vgl. Erika Dühnfort: *Von der Ausdruckskraft grammatischer Formen. Zu einer «Philosophie der Sprachteile».* Stuttgart ²1998.
38 T. Richter (Hrsg.), a.a.O. (Anm. 27), S. 122.

wird sich auch in dieser Hinsicht mit seinen Kolleginnen und Kollegen absprechen, Erfahrungen einholen und Bewährtes eigenständig erproben. Es gibt nicht nur *einen* Weg, der zu gehen ist.

6. Klasse

Jahreszeitlich bedingte Naturgedichte und dramatische Balladen (von Schiller bis Fontane) bilden sprachliche Vorlagen für das gemeinsame Sprechen. Im Erzähl- und Leseteil des Unterrichts können Szenen aus der römischen, mittelalterlichen oder neueren Geschichte ausgewählt werden. Erste größere Prosaerzählungen erfahren eine Behandlung. In der Grammatik werden die meist schon in der 5. Klasse eingeführte indirekte Rede und die Kenntnisse zum Konjunktiv und zur Deklination in Erinnerung gerufen und erweitert. Sollte das Kind zu Beginn seines Grammatikunterrichts in der Schule zunächst ein Gefühl für das im Leben selbst liegende Richtige der Sprache entwickeln, so spricht Rudolf Steiner im Hinblick auf das zwölfte Lebensjahr davon, dass sich nunmehr das Empfinden für die sprachliche Schönheit ausbilden möge: *Von da ab bis zu dem Geschlechtsreifealter sollte das Kind erst dasjenige entwickeln, was dann zur Handhabung der Sprache gehört, um jemand anderen zu überzeugen: das dialektische Element der Sprache.*[39] Die Schüler sollten bemerken, wie die ästhetische Schönheit der Sprache abnimmt, wenn die Umwandlungsmöglichkeit der Wörter zu verschiedenen Fällen aufhört. Mit kleinen Übungen, etwa zum Genitiv, ist diese Aufgabe heiter und gewinnbringend zu ergreifen. Heißt es eigentlich: infolge des letzten Krieges? Oder eher: infolge von Krieg? Tust du etwas wegen mir oder meinetwegen? Diese und andere Kopfnüsse finden sich beispielsweise in dem Büchlein «Der Dativ ist dem Genitiv

39 Ebenda, S. 124

sein Tod» ausgiebig versammelt.[40] Die nun vom Schulkind empfundene Gegenüberstellung von Ich und Welt und die sich jeweils verändernde eigene Perspektive im Hinblick auf unterschiedliche Partner kann beispielsweise durch das Schreiben von Briefen, namentlich von Geschäftsbriefen, erübt werden. Ein persönliches Schreiben an einen Freund klingt eben durch die bestimmte Wortwahl und den gewählten Stil anders als das Polizeiprotokoll eines Unfalls.

7. Klasse

Als Erzählstoff und Lektüre gelten alle Texte über fremde Volksstämme und Völker (von Sven Hedin über Albert Schweizer bis Bruce Chatwin). Der Schüler kann an diesem Blick in die Welt sein Verständnis für die Andersartigkeit und Würde des Fremden entwickeln. Dem kindlichen Alter entsprechend werden in der Grammatik Sprachformen erübt, die dem Wünschen, Erstaunen und Bewundern (oder dessen Gegenteil) Ausdruck verleihen. In der Satzlehre können die Spannungs- und Beziehungsverhältnisse von Träger- und Gliedsatz beobachtet werden. In der Aufsatzerziehung sind Themen günstig, die nicht die subjektiven Meinungen der Schüler abfragen sollten, sondern genaue Schilderungen und Beschreibungen objektiver Sachverhalte. Hierhin gehört jetzt unbedingt die *Versuchsbeschreibung,* die allerdings bereits in der 6. Klasse im Rahmen der Physik-Epoche eingeführt worden sein kann. Rudolf Steiner hat den Lehrern der ersten Waldorfschule als ein mögliches Thema aber auch empfohlen: *«Die Dampfmaschine, eine Zeugin der menschlichen Stärke», und gleich darauf: «Die Dampfmaschine, eine Zeugin der menschlichen Schwäche». Hintereinander solch ein Thema.*[41] Vielleicht wird man heute andere

---

40 Bastian Sick: *Der Dativ ist dem Genitiv sein Tod. Ein Wegweiser durch den Irrgarten der deutschen Sprache.* Köln 2004.
41 T. Richter (Hrsg.), a.a.O. (Anm. 27), S. 127.

Gegenstände behandeln lassen, aber der allgemeine Hinweis dürfte verständlich sein. Da Lernen immer ein individueller Akt ist und nicht alle Schülerinnen und Schüler zugleich vorgegebene Ziele erreichen können (und sollen!), finden sich auch im muttersprachlichen Unterricht, und durchaus nicht erst ab der 7. Klasse,[42] immer öfter die Arbeitsformen des Portfolio. Durch Selbstbetrachtung und Selbstwahrnehmung machen sich die Kinder auf diese Weise bewusst, was und wie sie gelernt haben. In einer schriftlichen Dokumentation und einer mündlichen Präsentation schulen sie anfänglich Ausdruck, Eindruck und Nachdruck sprachlicher Möglichkeiten.

8. Klasse

Der Mensch, vor allem das Kind, braucht Grenzen, aber noch nötiger braucht es Ziele, Inhalte, Werte. *Sie werden vor allem durch Liebe, Nähe und Vorbild vermittelt. Autorität hat nicht der, der etwas zu verbieten hat, sondern der, der etwas zu bieten hat.*[43] Mit der achten Klasse endet nicht nur für den muttersprachlichen Unterricht, sondern für den Großteil aller Fächer in der Regel die achtjährige gemeinsame Schulzeit des Schülers und seines Klassenlehrers. An dessen Hand und durch dessen Augen und Sprache haben die Kinder bisher die Welt und ihre Erscheinungen wahrnehmen können. Dieser persönliche Bezug zum Erwachsenen, das Vertrauen auf dessen selbstverständliche Autorität, findet nun eine Veränderung. In der Rechtschreibung lernten die Schülerinnen und Schüler bislang oftmals die Wörter regelkonform zu schreiben, weil die Erwachsenen ihnen vorgaben, wie «man» schreibt. Jetzt tritt das als objektiv empfundene Duden-Regelwerk an die Seite der

42 Roland Schröter-Liederwald: Individualisierendes Lernen. Erfahrungen aus der Unterrichtspraxis der 3. Klasse. In: *Erziehungskunst. Zeitschrift zur Pädagogik Rudolf Steiners.* 1/2008, S. 10 – 16.

43 Ulrich Beer: Autorität. In: *chrismon – Das evangelische Magazin,* 5/2002.

Lehreranweisungen. Deshalb könnten auch verstärkt unvorbereitete Diktate erwogen werden. *Die schwierigen Kommaregeln vor «und» und «oder» werden erstmals besprochen.*[44] Dem Schüler wird allmählich bewusst, dass zur Sprache wesentlich ihr Sprecher gehört und zu jeder Individualität deren Biografie und Schicksal. Kleine Referate über bedeutende Lebensläufe sind eine Hilfe dafür, die sprachliche Qualität zu bilden. Deshalb können am Beispiel der Biografien Schillers und Goethes zwei Persönlichkeiten vor die Jugendlichen hintreten, die epochemachend und gültig bis heute Leben und Sprache miteinander verbinden konnten. Untersucht werden dann einzelne Motive ihrer so gegensätzlichen Kindheit und die beglückend erlebte Erfahrung der Freundschaft. Zu diesem Zeitpunkt ist eine erste Begegnung mit einem Drama üblich. (Als eine umfassendere Ganzschrift kann natürlich auch ein Prosatext gelesen werden.[45]) Und oft führt die gemeinsame Lektüre dazu, dass ein im Unterricht behandeltes Stück als künstlerisch gestaltetes Klassenspiel die Unter- und Mittelstufenzeit glänzend abrundet. Ein Theatertext möchte gespielt werden. Das Wort wird hier tatsächlich Fleisch. Das Gelesene muss sich in körperlichen Gesten und im sozialen Miteinander mit den Klassenkameraden neu erschaffen. Der muttersprachliche Unterricht erreicht gewissermaßen in jedem Klassenspiel seinen höchsten und schönsten Gipfel. Die Sprache wird wieder das, was sie eigentlich seit Kindertagen war: anschaubare Kunst, durch die alle Sinne des Menschen angesprochen werden. Die Auswahl möglicher Dramen geht von einer Komödie Shakespeares oder Raimunds bis zu einer Tragödie Schillers.

Aus der Märchenwelt der frühen Kindheit und der verschiedenen Völker führt der Weg der Dichtung zur «Nationallitera-

44 T. Richter (Hrsg.), a.a.O. (Anm. 27), S. 131.
45 Vgl. E.A.K. Stockmeyer: *Rudolf Steiners Lehrplan für die Waldorfschulen.* Stuttgart 1976, S. 47.

tur», wie sie von Herder in den «Fragmenten über die neuere deutsche Literatur» (1767/68) proklamiert worden ist: *Jede Nation hat ein eigenes Vorratshaus solcher zu Zeichen gewordenen Gedanken. Dies ist ihre Nationalsprache; ein Vorrat, zu dem sie Jahrhunderte zugetragen. Der Gedankenschatz eines ganzes Volks. Schriftsteller der Nation, wie könnt Ihr ihn nutzen! und ein Philolog der Nation, was könnte er nicht in ihm zeigen, durch ihn erklären.*

Vom Mythos zum Logos

Bei dem Schriftsteller Franz Hessel (1880 – 1941) findet sich ein kleines Erlebnis, das den angesprochenen biografischen und literarischen Zusammenhang, der sich im Lauf der eigentlichen Schulzeit über acht Jahr hin entfaltet, in schöner Weise unterstreicht. Die Dichtung mit ihren vielen Valeurs und Konnotationen, auch wenn sie anfänglich noch gar nicht kognitiv verstanden wird, weckt die Kräfte der Fantasie. Bei ihr lernt das Kind jene muttersprachlichen Möglichkeiten, die es erst viel später individuell zu seinem eigenen Sprachstil umformen wird. Wir wollen etwas ausführlicher zitieren: *Wie schön war die Zeit, als man noch las, ohne zu verstehen! Da hat man zum Beispiel zu Weihnachten den «Tell» geschenkt bekommen, Schillers «Wilhelm Tell». Man war erst acht Jahr alt. In der Schule wird dieser «Tell» erst in zwei Jahren gelesen werden. Neugierig hat man sich den «Tell» gewünscht, des Namens wegen. Am Heiligen Abend hat das Kind das kleine blaue Buch eigentlich nur gestreichelt und bisweilen, Marzipan kostend, hineingeschaut. Nun aber ist Feiertagsmorgen. Das Kind ist ganz allein in der guten Stube, in welcher der Weihnachtsbaum steht. Es streift an der Seite des Tisches, wo seine Geschenke* liegen, die für die Nacht übergeschlagene Decke zurück, nimmt das Buch heraus, setzt sich auf den Schaukelstuhl. Aber das ist noch nicht der richtige Leseplatz. Es wechselt hinüber zum Sessel, vor dem die Fußbank ist. Es kniet auf die Fußbank, legt das Buch auf das blaue Eiderdaunenkissen, das sich in den Sessel schmiegt, schlägt auf, liest. Erst kommen die Verse vom Fischerknaben, vom Hirten und vom Alpenjäger. Die liest es noch nicht so genau. Die schaukeln schnell von Zeile zu Zeile und gehen sanft ein. Aber dann kommt Ruodi, der Fischer, aus der Hütte und beginnt: «Macht hurtig, Jenni. Zieh die Naue ein». Naue! Wie geheimnisvoll. «Der graue Talvogt kommt, dumpf brüllt der Färn». Das sind Sturmgeister. Sie brausen daher. Und was der Fischer ankündigt, bestätigt der Hirt: « 's kommt Regen, Fährmann. Meine Schafe fressen mit Begierde Gras, und Wächter scharrt die Erde.» Was tut die Erde? Sie scharrt Wächter? Scharrt, weil sie sich fürchtet vor dem Sturm, vor all den bösen Wesen, dem Talvogt, dem Firn, dem Mythenstein mit seiner kriegerischen Haube, Wachtposten empor. Wächter scharrt die Erde! Später, wenn man dann den «Tell» in der Schule «hat», kommt heraus: die Naue ist ein Boot, der Mythenstein ist ein Berg. Und nicht die Erde scharrt Wächter, sondern der Hund, der Wächter heißt, scharrt die Erde. Ist auch ganz schön, aber eigentlich war es noch schöner, als man noch nicht verstand …, als sie selbst, die Göttin, die Erde, scharrte – mitten im Weihnachtszimmer, durch dessen Tannen- und Marzipanduft ferner Sturm brauste, als noch die Zeit war, da man Mythen schuf rings um das schmal behütete Kinderreich, die Zeit, da in dem schönen Lied von der «Brigg dort auf den Wellen» zuletzt das verlorene Boot des Retters von einem Dämon ans Land getrieben wird. Kieloben heißt der Dämon! «Kieloben treibt das Boot zu Lande, und sicher fährt die Brigg vorbei.» Ja, da hockte man, von Geistern umgeben. Sie waren unheimlich, aber anhaben konnten sie einem doch nichts. Ein Ästhet war man, ein reiner

Genießer, hatte eine angenehme Art mit Tod und Teufel zu ver-
kehren ... Wie schön war die Zeit, als man noch las, ohne zu
verstehen!»[46]

Es ist Franz Hessel wunderbar gelungen, die ganze Sinnlichkeit des kindlichen Lesevergnügens auszubreiten und noch
einmal lebendig werden zu lassen. Das Buch wird gestreichelt,
das Kind streift an der Seite des Tisches, auf dem das ersehn-
te Geheimnis liegt. Mit großer Intensität nimmt der Tastsinn
wahr. Die Verse schaukeln von Zeile zu Zeile und gehen sanft
ein, der Lebenssinn ruht wohlig aus. Der Eigenbewegungssinn ist in höchster Bereitschaft beim Suchen des richtigen
Leseplatzes. Und so geht es weiter. Alles schmeckt und riecht
und klingt geheimnisvoll und heimatlich in einer sprachlichen Sphäre, die noch nichts mit dem Intellekt zu tun hat.
Ein reiner Genießer ist das kindliche Sinneswesen, solange es
in die Schule der Muttersprache gehen darf. Ein genießender,
empfindender Kenner der sprachlichen Wahrhaftigkeit, Rich-
tigkeit und Schönheit sollte es in der ersten Schulzeit werden
dürfen. In der Oberstufe schließlich öffnen sich neue Sinne
für die geistige Wirklichkeit der Sprache. Bisher war die Kraft
der Sprache leib- und seelenbildend. Nach der Pubertät wendet sich das Blatt, Leib und Seele sind auf der Suche nach der
eigenen und unverwechselbaren Sprache.

---

46 Aus: *Das Winterbuch. Gedichte und Prosa,* herausgegeben von Hans
Bender und Hans Georg Schwark, Frankfurt am Main 1983, S. 103f.

4. Auf der Suche nach der eigenen Sprache
Oberstufe – das dritte Jahrsiebt

In dem Roman «Der Hungerpastor» von Wilhelm Raabe wird die Lebensgeschichte Hans Unwirschs erzählt. Der Sohn eines Schusters, von seinem Onkel für eben dieses Handwerk des verstorbenen Vaters bestimmt, hegt aber schon früh eigene und andere Pläne. Hans möchte, wie sein benachbarter jüdischer Freund Moses Freudenstein, das Gymnasium besuchen. Schon in seinen frühen Kinderjahren zieht er sich deshalb in eine kleine Dachkammer zurück, die er zu seiner Studierstube macht. *Hier hatte er seine wenigen Bücher und sein Tintenfass aufgestellt, hier war er ein glücklicher Herrscher im Reich der Gedanken und Träume und hielt Zwiesprache mit allen Geistern, die er heraufbeschwören konnte.*[47] Die Unfähigkeit, sich aus dem sprudelnden Strom mannigfacher Fantasiebilder herauszustellen, macht es Hans aber schwer, schon so abstrakt und formal denken zu können, wie es bei seinem Schulfreund der Fall war. Bei allen Geschichten, die er im Unterricht hört, und in allen Texten, die er liest, stellt sich ihm noch die bunte Einbildungskraft der ersten Lebensjahre in den Weg. Da hat es Moses Freudenstein leichter. *Er sah nicht, während der Doktor Fackler die schwierigen Satzbildungen des Thukydides konstruierte, hinaus auf die blauschimmernde Fläche des Ionischen Meeres, sah nicht auf der Meereshöhe die weißen Segel von Korcyra auftauchen, sah nicht die hundertundfünfzig Schiffe der Korinther von Chimerium heranschweben. Wenn der Professor von den Thraniten, Zygiten und Thalamiten, den Arten der Ruderer, sprach, so vernahm Moses Freudenstein nicht ihr Jauchzen, wie die Flotten aufeinanderstießen. Er vernahm nicht den Befehlsruf der Stolarchen, das Krachen der Schiffsschnäbel, das Triumpfgeschrei des Siegers, das Wehgeheul des Sinkenden; er sah nicht die blaue Flut rot gefärbt, sah sie nicht bedeckt mit Trümmern und Leichen ...*[48] Für Hans Unwirsch entstehen in den ersten Jahren seiner Gymnasialzeit aus Worten Sätze, aus Sätzen noch Bilder. Mühevoll wird er es erst noch erleiden müssen, wie die imaginative Fähigkeit der frühen Kindheit verblasst, um schließlich nach der Pubertät in der kühlen Temperatur grammatikalischer und logischer Strukturen auszukristallisieren. Raabe versteht es, diesen biografisch und intellektuell notwendigen Übergang jedes Menschen von der Mitte der Kindheit zur eigentlichen Jugend, der sich an der Schwelle zur Oberstufenzeit

47 Wilhelm Raabe: *Der Hungerpastor.* Berlin o.J., S. 89.
48 Ebenda.

vollzieht, darzustellen. Und dass es ein dramatischer Fall in die Schwere des eigenen Körpers und der Gravitationskräfte der Welt ist, daran kann kein Zweifel bestehen. Alles wird schwer und man selbst wird schwierig. Bevor wir aber darüber nachdenken wollen, wie der an lebendigen Vorstellungen und Imaginationen leer gewordene Jugendliche eine neue innere Bilderwelt durch den Unterricht der Oberstufe entwickeln kann, müssen wir uns zunächst damit beschäftigen, worin die Qualität dieser biografischen Stufe besteht. Wie in Goethes schönem Gedicht «Gesang der Geister über den Wassern» der reine Strahl am Beginn seines Wasserlaufes noch *lieblich schäumt* und *leisrauschend* zur Tiefe niederwallt, so fühlte sich bisher die Schulzeit an. Doch plötzlich: *ragen Klippen / Dem Sturz entgegen, / Schäumt er unmutig / Stufenweise / Zum Abgrund.* Was ist geschehen?

Die «wunderbaren» Jahre

Mit dem Eintritt des Jugendlichen in die Oberstufe beginnt eine Etappe von vier wesentlichen Jahren. Es ist «Der schmale Weg zur inneren Freiheit».[49] Im Alter von etwa fünfzehn Jahren wird er begonnen, mit achtzehn Jahren und dem Ende der Schulzeit ist er meist durchschritten. Wer sich unmittelbar in dieser Phase befindet, wird sie häufig als eine Art Krankheitsverlauf empfinden, den man möglichst schnell überwinden möchte. Wer als Erwachsener aus der Distanz auf sie hin- oder zurückblickt, der wird sie nicht selten als «Die wunderbaren Jahre» verklären, wie es Reiner Kunze durch die Beschreibung seiner Kinder unternommen

49 Vgl. Jeanne Meijs: *Der schmale Weg zur inneren Freiheit. Ein Leitfaden durch die Zeit der Pubertät.* Stuttgart 1998.

hat.[50] Wahrscheinlich ist beides wahr. Und gerade in diesem Doppelantlitz liegt die besondere Spannung dieser Zeit. Es ist jener Prozess, der durch zwei Ereignisse begrenzt wird. Am Beginn steht, von allen Erwachsenen oft vehement zu erleben, die Adoleszenz oder Pubertät, am Ende die «Sozialreife» und Mündigkeit. Rudolf Steiner bezeichnet diese körperliche und seelische Umschmelzungsphase ganz allgemein mit dem neuen Begriff der «Erdenreife». Den Ertrag dieser Zeit hat schon vor mehr als hundert Jahren die 23-jährige Paula Modersohn-Becker in einem Brief an ihre Schwester geradezu klassisch formuliert: *Ich erlebe jetzt eine seltsame Zeit. Vielleicht die ernsteste meines kurzen Lebens. Ich sehe, dass meine Ziele sich mehr und mehr von den Euren entfernen werden, dass Ihr sie weniger und weniger billigen werdet. Und trotz alledem muss ich ihnen folgen. Ich fühle, dass alle Menschen sich an mir erschrecken, und doch muss ich weiter. Ich darf nicht zurück. Ich strebe vorwärts, gerade so gut als Ihr, aber in meinem Geist und in meiner Haut und nach meinem Dafürhalten.[51]* Denken, Fühlen und Wollen des Jugendlichen haben sich in der Zeit der «Erdenreife» in einer dramatischen Weise gestärkt. Aber sie sind nicht mehr harmonisch miteinander verbunden wie in der frühen Kindheit. Die Dominanz des Willens und die ungezügelte Kraft der körperlichen Triebe befeuern jegliches Lust- und Unlustgefühl. Der kluge Verstand kann sich dann oftmals nur noch um eine spitzfindige Schadensbegrenzung bemühen, um das, was geschehen ist, sich und anderen begreiflich zu machen. Der Jugendliche ist als sexuelles Geschlechtswesen biologisch fähig geworden, die eigene Spezies fortpflanzen zu können.

50 Vgl. Reiner Kunze: *Die wunderbaren Jahre. Prosa.* Frankfurt am Main 1976.
51 Paula Modersohn-Becker: *Briefe und Tagebuchblätter.* München 1926 (Kurt Wolff Verlag), S. 87.

Naturgemäß drehen sich seine Vorstellungen auch um die Fragen des anderen Geschlechts, um die damit verbundene Sorge der Verhütung und die Angst vor Aids. Sein äußeres Erscheinungsbild verändert sich stark. Die Gliedmaßen wachsen, die Gesichtszüge verlieren ihre ausgewogene Proportion der Kinderzeit. Es wird schwer, eine aufrechte Haltung des Körpers zu bewahren. Gern legt man jetzt in der Schule den Kopf auf den Tisch und im Kino die Beine über die vordere Stuhlreihe. Man wirft Papier und Getränkedosen in die Gegend und sprüht Graffiti an fremde Hauswände. An der Schönheit und Unversehrtheit der Umwelt ist einem nicht (mehr) gelegen. Man ritzt seinen Schmerz in die Schultische und in den eigenen Körper. Die Haut neigt zur Pickelbildung, die Stimme wechselt ihre Klangfarbe und Höhe. Der Jugendliche fühlt sich erstmals mit sich selbst konfrontiert und empfindet diese Begegnung nicht immer als angenehm. Im Gegenteil: Er fühlt sich zutiefst verunsichert. Es ist kein Wunder, dass in Untersuchungen zum Thema Jugend heute vielfach soziale und gesellschaftliche Phänomene aufgezählt werden, die diesen biografischen Umstand erklären sollen. Die Jugend leide wegen der Arbeitslosigkeit unter einem Werteverlust. Sie sei gewaltbereit und greife verstärkt zu sanktionierten und verbotenen Drogen. Die Zukunftsperspektiven seien schlecht. Die Bereitschaft, sich sozial zu engagieren, nehme ab. So richtig dieser Befund auch ist, so bezeichnet er doch nur die eine Seite der Adoleszenz. Es wäre keineswegs zutreffend, diese beliebig zu erweiternden und täglich tatsächlich auch zu erlebenden Phänomene, die früher sehr einfach als «Flegel- und Rüpeljahre» auf den Begriff gebracht worden sind, als die ganze Wahrheit auszugeben. Es gibt auch eine verborgene, zartere Seite des Jungseins. Fast möchte man sagen: Gerade weil sich die eigentliche «Geburt» des Jugendlichen in seiner

Seele vollzieht, scheint es, als zöge er die oben aufgelisteten Masken vor sein Inneres, um es zu schützen. *Denn während dieser Zeit beginnt sich ein unsichtbarer Panzer um unseren Körper zu legen. Er bildet sich während der Pubertät und wird während des gesamten Erwachsenenlebens immer dicker. Mit seinem Wachstum verhält es sich ähnlich wie bei den Perlen, je größer und tiefer die Verletzung, umso stärker ist der Panzer, der sich darum entwickelt.*[52] Der Jugendliche kann jetzt sehr verletzend und gleichzeitig sehr verletzlich sein, weil er sein noch labiles Ich-Bewusstsein gefährdet weiß. Er kann Streit suchen, um sich zu erproben, nicht weil er gewaltbereit ist, wie es vordergründig scheint. Seine erstarkte Intellektualität wendet sich gegen die Erwachsenenwelt, um deren Wert und deren Werte zu prüfen. Er hat sehr hohe moralische Ansprüche, vor allem eben an andere Menschen. Er sehnt sich nach wirklichen Beziehungen, die nicht auf das Äußere sehen, sondern hinter dem Grün der Haare, dem Piercing der Zunge und dem Tattoo auf der Schulter die Wunde der Seele achten. Suizidbedürfnisse, dem kleinen Kind noch vollkommen unbekannt, können jetzt auftreten und führen mitunter zum tatsächlichen oder zumindest in der Fantasie durchgespielten Selbstmord. Über Robert Walser, der etwa mit fünfzehn zu schreiben begann, ist in einer Biografie zu lesen, er habe sich in dieser Zeit nicht genügend von seiner Mutter geliebt gewusst: *Und was wir uns manchmal erträumt haben, dass wir tot sind und gleichzeitig lebendig, um aus dem Verborgenen unseres Totseins hervor, wie aus einer Wolke oder aus einem Gebüsch, zu erspähen, ob wir von den Lebendigen denn wenigstens vermisst werden, wenn wir von ihnen schon nicht geliebt worden sind,* setzt er schon als *Knabe oder als Jüngling oder als Jungmann in Szene. Genauer:*

52 Susanna Tamaro: *Geh, wohin dein Herz dich trägt.* Zürich 1995, S. 15f.

in Szenen. Und er nennt diese Szenen: Der Teich.[53] Es ist eine frühe Variation des Motivs vom verlorenen Sohn. Walsers jugendlicher Protagonist wirft Jacke und Hut in einen Teich und wartet ab, was geschieht. Der Bruder kommt und alarmiert die Eltern. Die «Hinterbliebenen» machen sich Selbstvorwürfe und verzweifeln. Da gibt sich der Junge zu erkennen und wird zärtlich empfangen. Erst im Jugendalter ist man allerdings auch erstmals fähig und gewillt, Ideen zu entwickeln, die weit in die Zukunft hinaus greifen. Die Vorstellungen müssen jetzt «geerdet» werden. Andererseits soll die Fantasie dem bloßen Intellekt aufhelfen, die Ketten des Logischen und Faktischen zu sprengen. Für diesen gesamten Verlauf ist gerade das Verhältnis des Jugendlichen zur Sprache ein Gradmesser dafür, ob der Weg zum eigenen Menschentum glücken kann. In der Oberstufe fällt der Schüler in eine erste und tiefe Sprachskepsis. Er kann zeitweise ganz verstummen, weil er den Worten nicht mehr traut. Die Wahrhaftigkeit des Sprechenden, die sinnvolle Rede und ein nachvollziehbares Denken werden in der Erwachsenenwelt daraufhin geprüft, ob sie in einem Verständnis für das wirklich Humane gründen – oder Phrasen sind.

Zwischen Auflehnung und Anpassung

Dieser Prozess mitten hindurch zwischen Skylla und Charybdis kann durch einen Unterricht begleitet werden, der die Entwicklungsgesetze des werdenden Menschen zu ergründen sucht. Im ersten Jahrsiebt gehen wir in die Schule der Muttersprache. Wir ahmen nach. Im zweiten begegnen wir der

53 Jürg Amann: *Robert Walser. Eine literarische Biografie in Texten und Bildern.* Zürich / Hamburg 1995, S. 11.

63

Muttersprache in der Schule. Wir lernen im Vertrauen auf die Integrität und Autorität des Erwachsenen. Im dritten Jahrsiebt machen wir uns auf den Weg, unsere eigene Sprache auszubilden. Dabei sind zwei Gefahren zu meistern: die Gefahr der Opposition und die Gefahr der Anpassung.

Es ist möglich, dass sich der Oberstufenschüler dezidiert gegen die Regelhaftigkeit, Kraft und Schönheit der zu behandelnden Literatur im Deutschunterricht wehrt und die sprachlichen Vorbilder massiv in Frage stellt. Die Sprachwelt wird nun nicht mehr größer empfunden, als man sich selbst fühlt. Sie hat sich vielmehr nach uns zu richten. Sie wird für die eigenen Zwecke provokant zurecht gestutzt. *Längst Gesagtes wieder sagen / hab ich endlich gründlich satt*, heißt es in einem Gedicht Christian Morgensterns. Und das ist auch das Empfinden des Oberstufenschülers. Ein «hoher» Sprachstil gilt als Lüge oder Phrase. Er scheint antiquiert zu sein, und manchmal ist er auch ganz einfach nicht mehr verständlich. Der ganz persönliche Alltagston wird als einzig angemessener Ausdruck anerkannt. Mit dieser «lockeren» Sprache ist eine Distanz zur Erwachsenenwelt herzustellen und ein Gefäß für die gewollt auszulebende Subjektivität gegeben. Eine Slang- oder Peergroup-Sprache entsteht. Ulrich Plenzdorf hat in seinem Roman «Die neuen Leiden des jungen W.» bereits 1973 seinem jugendlichen Helden einen flotten Stil geliehen, der für dessen Alltagswelt vollauf auszureichen scheint. Nur wenn es dem tragisch endenden Protagonisten um wirklich tiefere Gefühle geht (in diesem Fall um die unglückliche Liebe zu einer verheirateten Frau), ist er genötigt, dann doch paradoxerweise zu sprachlichen Vorbildern zu greifen, nämlich zu Goethes Werther-Text.[54] Jugendsprache ist äußerst zeit- und gesellschaftsabhängig. Dem Plenzdorf-Buch ist nicht nur

54 Vgl. Ulrich Plenzdorf: *Die neuen Leiden des jungen W.*, Frankfurt am Main 1973.

inhaltlich, sondern auch sprachlich abzulesen, wann es geschrieben worden ist. Der heutige Wortschatz Jugendlicher hat sich bereits schon wieder hörbar verändert.

Aber es gibt auch einen anderen Weg, um der Ausbildung einer eigenen Sprache auszuweichen. Es ist der Weg der Anpassung. Wie oft sind Eltern bereit zu glauben, ihr Kind sei im Deutschen ein guter Schüler, weil es ganz offenkundig und nachweisbar zum Beispiel die Normen der Grammatik oder Rechtschreibung fehlerfrei beherrsche. Dass man aber über viele Seiten hin fehlerfrei schreiben kann, in einem Stil, der nicht der eigene ist, und ohne etwas zu sagen zu haben, kommt ihnen dabei nicht in den Sinn. Der Schriftsteller Jurek Becker hat in seinen Frankfurter Vorlesungen davon gesprochen. Im Alter von vier Jahren war er als polnischer Jude in ein Konzentrationslager gebracht worden. Erst nach der Befreiung mit acht Jahren begann er Deutsch zu lernen, während sein Polnisch noch immer auf der Stufe eines vierjährigen Kindes war. Er hatte die Sprache nicht mit der Muttermilch aufnehmen können, sondern musste sie systematisch in der Schule lernen. Für keine schulischen Leistungen belohnte ihn sein Vater so sehr wie für gute Noten im Diktat und im Aufsatz. Der Ehrgeiz des Kindes wurde zusätzlich dadurch angestachelt, dass es für jede fehlerfrei geschriebene Seite im Idealfall fünfzig Pfennig gab. Becker nennt selbstkritisch das Motiv seines Eifers: *Es war für mich beinahe eine Existenzfrage, so schnell wie möglich mein Deutsch zu verbessern: Je eher ich die Fehler ausmerzte, umso seltener wurden die anderen darauf gestoßen, dass ich ein Fremder war. Und wenn die Fehler ganz und gar aufhörten, würden sie mich eines Tages, wenn auch fälschlicherweise, sogar für einen der ihren halten.*[55]

Im Deutschunterricht kann es der Lehrende aber zwi-

55 Jurek Becker: *Warnung vor dem Schriftsteller. Drei Vorlesungen in Frankfurt.* Frankfurt am Main 1990, S. 11f.

schen auflehnendem und sich anpassendem Schülerverhalten auch immer wieder erleben, dass manche Jugendliche sich sehr offen und bereitwillig auf die vorgegebene, ihnen noch fremde Lektüre einlassen, obgleich sie privat etwas «Interessanteres» lesen (wenn sie denn überhaupt etwas lesen!). Es scheint bisweilen so, als hätten die Betreffenden geradezu auf die Begegnung mit einer Literatur gewartet, von deren Existenz sie bislang noch gar nichts wussten. Ganz plötzlich wird ihnen die ästhetische und poetische Dimension wirklicher Dichtung spürbar. Wenn die eine Gruppe der Schülerinnen und Schüler aus den genannten Gründen sich der Dichtersprache vorerst noch kritisch gegenüber verhält, scheint ein anderer Teil der Jugendlichen sprachliche Vorbilder zu suchen. Man beginnt nun für die Lyrik Rilkes oder die Romane Hesses zu schwärmen. Man möchte sich mit Narziss oder Goldmund identifizieren. Man flicht Gedichtzeilen von Else Lasker-Schüler in die eigenen Briefe ein, die man demjenigen schreibt, den man liebt. Aber mit der Lyrik ist das so eine Sache. Einer zehnten Klasse habe ich im Unterricht die Aufgabe gestellt, ganz spontan zwei Fragen zu beantworten: *Was bedeuten mir Gedichte? – Könnte ich eines zitieren?* Das Ergebnis einer Schülerin lautet: *Obwohl der Zugang zu Gedichten für mich fast nur durch die Schule stattfindet, bedeutet Lyrik mir viel, weil durch sie etwas zum Ausdruck kommen kann, was in einem Prosatext verborgen bleibt oder viele Worte benötigen würde. Gedichte sind ein Mittel, durch welches mit wenigen Worten komplexe Stimmungsbilder erzeugt werden können. Man könnte sie mit Nahrung vergleichen. Sie sind Nahrung für Geist und Seele. Manchmal schmecken sie nach Ernst, manchmal nach Unruhe und manchmal nach Glück. Ich weiß nicht, ob ich jederzeit ein Gedicht zitieren könnte, das etwas anderes ist als ein Kinderreim oder ein Gebet. Ich kenne viele*

Gedichte, doch die meisten habe ich nicht als Text, sondern in Form von Bildern in Erinnerung. Die Antwort der Schülerin bestätigt deutlich, wie nachhaltig sich der Kinderreim und das Gebet der frühen Kindheit in die Empfindung eingelebt haben. Sie erinnert sich nicht wörtlich oder gedanklich, sondern gefühlsmäßig und bildhaft.

Aspekte zur modernen Dichtung

Jede moderne Literatur, auch wenn sie im 18. Jahrhundert geschrieben worden ist, zeichnet sich nicht dadurch aus, dass sie zeitgenössisch aktuelle Themen spannend, aber inhaltlich und formal konventionell behandelt, sondern dass sie eine bestimmte Bewusstseinsstruktur «klassisch» offenbart.[56] Dieses moderne Bewusstsein ist dadurch geprägt, dass es die Gefährdung des Individuums erlebt und beschreibt. Das Ich wird durch gesellschaftliche, persönliche oder anonyme Kräfte bedroht und ist nicht mehr geschützt wie in vermeintlich gesicherteren Zeiten. Politische Ideologien und religiöse Instanzen haben ihre Allgemeingültigkeit verloren. Ihre Antworten sind nicht mehr epochemachend und verbindlich. Das allgemeine Signum der Moderne ist es geradezu, dass eben kein sakrosankter einheitsstiftender Wert mehr vorhanden ist.

Nun ist die illusionslose Anerkennung dieser Situation zwar ein notwendiges, aber noch lange kein hinreichendes Charakteristikum des modernen Bewusstseins. Es muss noch etwas hinzukommen. Gerade das Erleben dieser Leere, die durch die Isolation, Deformation und Destruktion des Individuums aufgebrochen ist, wird für einzelne Menschen

56 Vgl. Italo Calvino: *Warum Klassiker lesen?* München / Wien 2003.

67

zum Ausgangspunkt einer neuen Spiritualität, eines Bedürfnisses nach realer geistiger Erfahrung. Literaturgeschichte ist Geschichte des menschlichen Bewusstseins. Am Ausgang des 19. Jahrhunderts kommen mit der ästhetischen Theorie und künstlerischen Praxis des Naturalismus bestimmte literarische Traditionen an ihr Ende. Noch niemals in ihrer Geschichte hat sich die Dichtung so weit von den spirituellen Impulsen entfernt, aus denen sie in der Antike einstmals hervorgegangen war und die sie noch in der deutschen Klassik besessen hatte. In der ersten Hälfte des 20. Jahrhunderts markieren aber Autoren wie Franz Kafka, Robert Musil, Hermann Broch, Heimito von Doderer, Alfred Döblin, Nelly Sachs oder Paul Celan, um nur einige deutschsprachige Schriftsteller zu nennen, dass der Tiefpunkt im Tal der menschlichen Verlorenheit durchschritten werden kann. Die epochemachenden Werke des Franzosen Marcel Proust, des Iren James Jocye, des Italieners Italo Svevo oder des Portugiesen Fernando Pessoa bestätigten diesen Umschwung als ein allgemeines europäisches Phänomen. Wohlgemerkt, es geht nicht darum, dass oder ob diese genannten Autoren inhaltlich eine neue Christlichkeit propagieren wollen. Das wollen sie nämlich gerade nicht. Ja, sie wenden sich bisweilen vehement gegen jede Form von Sinnstiftung (vgl. z. B. Samuel Beckett: «Erzählungen und Texte um Nichts»). Aber die Art und Weise ihres Schreibens, die Form, die Sprache, die Bilderwelt, sie erzwingen im Leser, Hörer und Zuschauer eine höchste Aktivität, die existentielle Schichten einer Wirklichkeitsbegegnung eröffnen.

Und mit diesem Punkt ist das tertium comparationis von Dichtung und Jugendzeit beschrieben. Die Schülerinnen und Schüler der Oberstufe «verstehen» den Nerv moderner Dichtung «intuitiv», nicht unbedingt intellektuell. Sie fühlen latent durch die paradoxe Beziehung des Dichters zu seiner Sprache, nämlich durch dessen Skepsis und Liebe, das eigene innere Ringen ins Wort gebracht, bevor sie die Texte analysieren können. Sie bemerken, wie die Dichtung etwas zu formulieren sucht und auch zu benennen versteht, was sie selbst so nicht ausdrücken könnten. Für sie gilt, was Hugo von Hofmannsthal in seinem berühmten Brief des fiktiven Lord Chandos so wortreich, aber auch erschütternd beklagt: *die abstrakten Worte, deren sich doch die Zunge naturgemäß bedienen muss, um irgendwelches Urteil an den Tag zu geben, zerfielen mir im Munde wie modrige Pilze.*[57] Der «Chandos-Brief» ist ja oftmals aus den genannten Gründen in Lesebüchern für die Oberstufe abgedruckt worden. Weniger verbreitet ist Hermann Hesses ohnmächtiges Eingeständnis in Bezug auf die Sprache. Aber auch hier ist derselbe Zusammenhang sichtbar: *Ein Mangel und Erdenrest, an dem der Dichter schwerer als an allen andern leidet, ist die Sprache. Zu Zeiten kann er sie richtig hassen, anklagen und verwünschen – oder vielmehr sich selbst, dass er zur Arbeit mit diesem elenden Werkzeug geboren ist. Mit Neid denkt er an den Maler, dessen Sprache – die Farben – vom Nordpol bis nach Afrika gleich verständlich zu allen Menschen spricht, oder an den Musiker, dessen Töne ebenfalls jede Menschensprache sprechen und dem von der einstimmigen Melodie bis zum hundertstimmigen Orchester, vom Horn bis zur Klarinette, von der Geige bis zur Harfe so viel neue, einzelne, fein unterschiedene Sprachen gehorchen müssen.*[58]

57 *«Lieber Lord Chandos». Antworten auf einen Brief.* Frankfurt am Main 2002, S. 14.
58 Hermann Hesse: Sprache. In: *Die Fähre. Lesebuch.* 10. Band. Bamberg 1961, S. 185.

Die «oberen» Sinne

Im Deutschunterricht der Oberstufe geht es keinesfalls um die «Vermittlung» bestimmter Dichtung als Ausweis bürgerlicher Bildung. Ein sanktionierter Kanon («Alles, was man wissen muss»[59]) ist in der Waldorfschule unbekannt. Die Inhalte und Themen, die sich dennoch im Lauf der Jahrzehnte bewährt haben und immer wieder in Variationen im Unterricht zur Sprache kommen, erhalten ihre Begründung vornehmlich im Blick auf den werdenden Menschen. Denn Erziehung und Dichtung sind gleichermaßen auf den Menschen bezogene und von ihm zu ergreifende Künste, die einander befruchten. Kunst ist immer etwas Ideelles im Schein des Sinnlichen. Wer sich einen angemessenen Zugang zur Dichtung verschaffen möchte, braucht Organe, um sie würdigen zu können. Nicht die Vermehrung abfragbarer Kenntnisse steht im Vordergrund des Deutschunterrichts, sondern die Ausbildung eines ästhetischen Urteils, eines schöpferisch-künstlerischen Handelns und dadurch die gesunde Entwicklung der «oberen» Sinne. Wie das kleine Kind seine stärker leiblich betonten Sinne an den Gegenständen der Welt entwickelte und in die Sprache seiner Umwelt eintauchte, so lernte es später in der eigentlichen Klassenlehrerzeit durch Bild und Vorbild das Wesen der Außenwelt seelisch empfinden. Nun kann der Jugendliche – darauf aufbauend – diejenigen Sinne zur Entfaltung bringen, die ihm differenzierter die geistige Dimension der Umwelt erschließen.[60] *Jeder Sinn entwickelt sich im Laufe eines*

59 Dietrich Schwanitz: *Bildung. Alles, was man wissen muss*. Frankfurt am Main 1999.

60 Auf die Darstellung der sogenannten «mittleren» Sinne (Geruchs-, Geschmacks-, Seh- und Wärmesinn) kann in diesem Zusammenhang verzichtet werden. Ihre Wirkung als Sinn ist, vielleicht mit Ausnahme des Wärmesinns, allgemein bekannt.

Lebens, er kann gepflegt oder vernachlässigt werden. Aus dem Ansatz der Sinneslehre lässt sich ein sinnvoller und fördernder Sprachunterricht entwickeln.[61]

Der Jugendliche und Erwachsene ist nicht mehr «ganz Sinneswesen». Er hat im Gegensatz zum kleinen Kind in bestimmtem Maß die Möglichkeit, sich störender Umwelteinflüsse zu verschließen. In seinem vorstellenden Denken gibt er sich selbst die Motive seines Handelns. Er kann übersehen und weghören, was er nicht wahrnehmen will. Dem Kind sind die sinnlichen Erfahrungen der Außenwelt unbewusst. Der Erwachsene weiß, dass Sinneseindrücke, soweit sie nur als solche auftreten, unbewusst sind, sonst wären es Gedanken. Das kann allerdings dazu führen, dass er ihr Vorhandensein generell in Abrede stellt. Dass riechen und schmecken etwas mit einer guten Mahlzeit zu tun haben, kann jeder Esser selbst an sich beobachten. Selbst das «Auge isst mit», wie man so sagt. Hier wird die Existenz der Sinne nicht bezweifelt. Wie aber sollten zum Verständnis fremder Gedanken eigenständige und bislang unbekannte Sinne nötig sein, die über das Hören und Sehen hinausgehen? Denn für gewöhnlich meint man doch im Hören der fremden Stimme durch das Ohr und im Geschriebenen durch das Auge einen akustischen oder visuellen Code aufzunehmen, dessen Botschaft in das eigene Denksystem eingegliedert wird. Die leiblichen Sinne vermittelten das Gemeinte, das Denken verdolmetsche es und das antwortende Handeln bestätige unser Verständnis. *Wenn der Antwortende dem Anredenden (auf dessen Anrede) geantwortet hat, so hat er nicht nur den Text (der Anrede) verstanden, er hat auch den Anredenden verstanden: Er hat dessen Sprache gesprochen. Das schließt alles ein, was dem Verstehen zugehört und was von ihm er-*

61 Stefan Leber, Kommentar, a.a.O. (Anm. 8), Band II, S. 210.

wartet oder gefordert werden kann.[62] Das klingt überzeugend.
Aber der Anteil der Sinnestätigkeit beim Verstehensakt bleibt
ausgeblendet. Zu fragen bleibt: Mit welchen Sinnen nehmen
wir den anderen und dessen Sprache wahr, um überhaupt
erst verstehen zu können? Die «oberen» Sinne, denen wir
uns zuwenden wollen, sind allesamt so geartet, dass wir uns
durch sie ganz in die äußere Welt hinaus bewegen. Unser
eigenes Selbst sieht ganz von sich ab und verliert sich in
der Außenwelt.

Das Rascheln des Herbstlaubes, das Knistern im Gebälk
eines alten Hauses, das Quietschen eines Fensters, das Knal-
len eines Schusses, das Krachen des Eises auf dem See, all
das sind akustische Signale, die wir durch unser Ohr aufnehmen. Durch den besonderen Eindruck, den die äußeren Dinge als Geräusch, Klang oder Ton auf uns machen, erfahren
wir etwas von ihrer – nicht von unserer – Beschaffenheit. Das
Läuten der Glocke spricht etwas von ihrem «Inneren» aus. Es
ist nicht an unser subjektives Wahrnehmen gebunden, ob wir
den Klang mögen oder nicht. Wenn wir sagen, uns missfalle
das Scheppern einer Blechdose auf dem Straßenpflaster, so ist
das schon ein abgeleitetes Urteil einer Sinneswahrnehmung,
die wir als Missfallen deuten. Was uns durch den **Ton- oder
Hörsinn** vermittelt wird, ist nicht so auf uns bezogen, wie es
noch bei den «mittleren» Sinnen, etwa dem Sehen, der Fall ist.
Beim Sehen schaut jeder aus seiner eigenen Perspektive die
Welt an. Beim Hören ist das anders. *Wenn wir einem Lied, einer Stimme oder einem Ton zuhören, hören wir genau dasselbe;
nur eine Stimme wird von vielen verschiedenen Ohren gehört.
Dies ist ein fundamentaler Unterschied, weil nur in den höchsten Sinnen alle Menschen gleich sind.*[63] Mit dem Hörsinn ori-

---

62 A. R. Bodenheimer: *Verstehen heißt antworten.* Stuttgart 1992 (reclam),
   S. 14.

63 Stefan Leber, a.a.O. (Anm. 8), Band II, S. 213.

entieren wir uns in der äußeren Klangwelt. Dieses Hörorgan steht in einer engen Beziehung zu jenem anderen Organ, das uns in die Raumesrichtungen des Oben und Unten eingliedert und das wir als Gleichgewichtssinn angesprochen haben.

So zutreffend es also ist zu sagen, wir hören mit unseren Ohren das Rauschen des Windes, so unzutreffend ist es aber, wenn wir meinten, wir hörten allein mit dem Hörsinn auch eine Melodie oder ein Wort. Nie und nimmer würden wir menschliche oder tierische Laute wahrnehmen, wenn wir nur auf die angesprochene Qualität des Hörsinns angewiesen wären. Wenn wir über einen Sinn nachdenken wollen, mit dessen Hilfe wir akustische Wahrnehmungen als eigentliche Sprache vernehmen, könnten wir zunächst an den Kehlkopf als unser Sprachorgan denken. Wir bedienen uns seiner, um selbst sprechen oder singen zu können. Durch die Beweglichkeit des Kehlkopfes regulieren wir den Atemstrom und artikulieren die Laute. Aber wir nehmen durch ihn keine Sprache wahr. Das eigentliche Wort- und damit auch Sprachverständnis wird durch den **Laut-, Wort- oder auch Sprachsinn** ermöglicht. Durch ihn nehmen wir Laute als menschliche Sprache auf, auch wenn sie nur aus chinesichen, arabischen oder isländischen Worten besteht und wir ihren lexikalischen Sinn nicht verstehen können. Es geht uns wie Kindern, die Worte hören oder Lieder singen, aber noch nicht ihre Bedeutung kennen. Wir können sagen, so wie durch die Beweglichkeit und Regsamkeit des Kehlkopfes Sprache ermöglicht wird, so wird durch das gesamte Bewegungssystem des Körpers die Wahrnehmung der Töne und Laute möglich. Dadurch, dass sich das Kind in jeglicher Weise körperlich bewegt und seine Arme und Beine gebraucht, *bildet sich erst nachgeburtlich der für die Sprechbewegungen nötige Teil des Nervensystems aus, das sogenannte Brocasche Organ. Und das geschieht an jener Seite des Gehirns, die gegenüberliegt der vorzüglich betätigten*

Hand, bei rechtshändig veranlagten Menschen somit normaler-weise in der linken Gehirnhälfte, bei Linkshändern in der rechten.[64] Spracherwerb und Sprachverstehen sind wesentlich auf die Tätigkeit des gesamten Bewegungssinns angewiesen.

Damit es im Vorgang des Wahrnehmens zu einem gedanklichen Verständnis der menschlichen Sprache kommen kann, dass sich in ihr die Laute und Worte zu einem Begriff und Sinn erhellen, ist wiederum eine neue und völlig eigenständige Sinnesqualität nötig, die nicht unmittelbar mit dem Hör- oder Sprachsinn identifiziert werden darf. Es ist der **Gedankensinn.** Man könnte ihn auch einen Begriffs- oder Vorstellungssinn nennen. Durch ihn erfahren wir, dass die verschieden klingenden Worte ‹die Brücke› (deutsch), ‹le pont› (französisch), ‹el puente› (spanisch), ‹a ponte› (portugiesisch) oder ‹il ponte› (italienisch) eine festumrissene Bedeutung haben, die ihnen gemeinsam ist. Wir nehmen die Gedanken unmittelbar auf, die sich sprachlich manifestieren, aber nicht von bestimmten Worten abhängig sind. Worte sind keine Begriffe. *In dem Wahrnehmen der Gedanken handelt es sich um ein Nicht-Sprachliches. So kann die Sprache als Geste oder Gebärde, als Zeichen verstanden werden, die mit jener Gedankensphäre in einem konkreten Beziehungsverhältnis steht.*[65] Die Beziehung zum gedanklichen Element muss nicht einmal durch gesprochene oder geschriebene Zeichen vermittelt werden, auch körperlich-räumliche Gesten, wie in der Gebärdensprache oder in der Eurythmie, weisen ebenso auf die Gedanken hin, wie es die gesprochene Sprache vermag. Es ist nur wichtig zu berücksichtigen, dass es sich bei dieser unbewusst bleibenden Tätigkeit zunächst noch nicht um einen Denkprozess handelt, sondern um einen Wahrnehmungsakt, für den wir diesen genuinen Sinn benötigen. Der Umstand, dass wir immer irgendwelche

64 Ebenda, Band II, S. 208.
65 Ebenda, Band II, S. 203.

«Zeichen» benötigen, um Gedanken wahrnehmen zu können, darf nicht dazu verführen zu glauben, die hinweisenden Zeichen und die sich zeigenden Bedeutungen seien identisch. Wir brauchen eben eine Sprache, wenn wir jemandem unsere Idee begrifflich vermitteln wollen, damit sie begreifbar und begriffen werde. Der Akt des Begreifens hat etwas mit dem zu tun, was uns der Lebenssinn auf körperlicher Ebene zeigt. Wir spüren ab, ob ein neuer Gedanke, eine bisher unbekannte Idee einen lebendigen Zusammenhang bilden oder ob sie als störend empfunden werden. *Es muss im Wahrnehmungsvorgang an die Stelle der eigenen, selbstevidenten Gedanken für kurze Zeit der fremde Gedanke treten, damit er als eigener berührt werden kann. Dann wird er in aller Regel aus der Aufmerksamkeit verdrängt, also ausgelöscht, und der eigene Gedanke tritt wieder hervor.*[66] Es handelt sich im Aufnehmenden um einen rhythmischen Vorgang von Hinwendung und Abwendung, um die «Sprache» der Gedanken wahrnehmen zu können. Würde nur ein sympathisches Sich-Öffnen gegenüber der fremden Idee bestehen, so würden wir keine eigenen Vorstellungen entwickeln können. Wäre nur die Zurückweisung die entsprechende Geste, so blieben wir in unserer Ideenwelt befangen. Wie der Lebenssinn die Gesundheit oder Krankheit unseres organischen Leibes vermittelt, so vermittelt der Gedankensinn die rhythmische Tätigkeit des Erkenntnisvorgangs und das Empfinden des gesamten Gedankenkosmos.

Wie kommt es nun aber, dass es Menschen gibt, die durchaus dieselbe Sprache sprechen wie wir und die inhaltlich dasselbe akustisch verständlich und klar definiert in Begriffen sagen, die wir kennen, und doch ist deren Wirkung auf uns eine völlig andere? Spontan könnte man denken, der eine der beiden Sprecher ist uns als glaubwürdiger oder sachkundiger

---

66 Ebenda, Band II, S. 201.

bekannt. Wir kennen seine Persönlichkeit, sein Ich. Aber das wäre schon wieder ein gedankliches Urteil, durch das wir dem anderen analog zu unserer eigenen Ich-Erfahrung ein «Ich» zusprechen. Bei jedem Aufnehmen eines Wortes, das wir von einem anderen Menschen hören, geschieht aber zunächst etwas vollkommen Unbewusstes. Vor unserem Urteil steht tatsächlich erst eine Wahrnehmung, die Wahrnehmung des anderen Ich. Der Sinn für die Wahrnehmung dessen, der sich als Sprechender ausdrücken möchte, ist der **Ich-Sinn.** Durch ihn nehmen wir das Rätsel wahr, wer hinter den Worten steht, wer der Urheber der ausgesprochenen Ideen ist. Dieser Sinn vermittelt nicht das Erlebnis unseres eigenen Ich. Es sind nicht die einzelnen körperlichen Merkmale, die uns zu einem Eindruck des anderen Ich befähigen, nicht dessen Kleidung oder Aussehen, nicht seine Gesten oder das Timbre seiner Stimme. Erst durch das Auslöschen dieser Einzelheiten und das unmittelbare Erleben des Gesamteindrucks, der keinesfalls nur abgeleitet wird, nehmen wir das fremde Ich als Ich wahr. Natürlich werden wir über diesen Eindruck auch nachdenken, Urteile fällen usw., und doch: *Die Eigenschaft des Ich-Sinns, aber auch jedes anderen Sinnes, wird bewusst, wenn der Wahrnehmungsinhalt nicht weiter auf anderes zurückgeführt werden kann.*[67] Wie wir durch unsere Augen das Licht sehen, durch den Geschmack Auskunft über die Speisen erhalten, so nehmen wir auch das unveräußerliche und authentische Ich eines anderen Menschen als etwas uns Äußerliches, als Du, durch den Ich-Sinn wahr. Mit ihm als höchstem der sogenannten Erkenntnissinne «tasten» wir uns am weitesten in die geistige Dimension der äußeren Welt hinaus und konstituieren das Wahrnehmen des anderen. Mit dem Tastsinn, der ihm auf der leiblichen Seite am weitesten entfernt steht, empfinden wir unser Selbsterleben.

67 Ebenda, Band II, S. 194.

Alle «oberen» Sinne können als Umbildungen der eigentlichen Leibessinne angesehen werden. Schematisch lässt es sich übersichtlich darstellen:

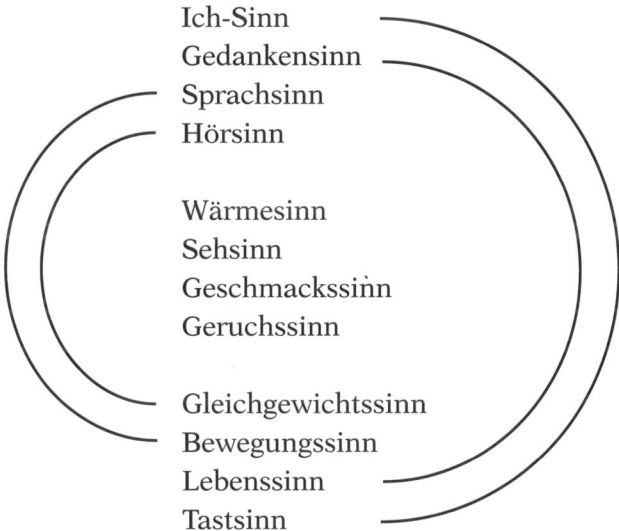

Ich-Sinn
Gedankensinn
Sprachsinn
Hörsinn

Wärmesinn
Sehsinn
Geschmackssinn
Geruchssinn

Gleichgewichtssinn
Bewegungssinn
Lebenssinn
Tastsinn

Wenn wir also im Deutschunterricht der Oberstufe miteinander im Gespräch das Zuhören und Sprechen üben, wenn wir Dichtung lesen und rezitieren, wenn wir eigene poetische Texte verfassen, kurz, wenn wir auf einer sehr bewussten Weise ein Verständnis für die Sprache entwickeln wollen, erüben und erweitern wir unsere Sinnesqualitäten. Und damit wird auch deutlich: Ein differenziertes Ausbilden der oberen Gedankensinne wird von einer reichen sprachlichen Erfahrung im frühen Kindesalter und in der Klassenlehrerzeit profitieren können. Was die Schülerinnen und Schüler gedanklich bewegen, hat dann ja eine völlig andere, vertiefte Qualität. Der muttersprachliche Unterricht der Waldorfschule möchte eben den «ganzen» Menschen bilden.

5. Ziele, Medien und Methoden des Deutschunterrichts

Bevor wir die Türen zu den Deutschepochen der Oberstufe öffnen wollen, um einen Eindruck davon zu bekommen, was sich dort inhaltlich ereignet, möchten wir einzelne Fragen zu den Zielen, Methoden und Materialien des Deutschunterrichts aufgreifen.

Was kann der Deutschunterricht insgesamt leisten?

Der Deutschunterricht an einer Waldorfschule hat, wie der Unterricht in jedem anderen Fach, die primäre Absicht, die gesundmachenden Kräfte der Sprache in der jeweils gegenwärtigen Entwicklungsphase des Kindes wirksam werden zu lassen. Aber die Schülerinnen und Schüler sind darüber hinaus auch so zu fördern, dass sie später als Erwachsene in freier Verantwortung ein selbstbestimmtes und sinnerfülltes Leben führen können. Der Deutschunterricht begründet sich menschenkundlich und eher methodisch- und inhaltsorientiert als bildungs- oder lerntheoretisch.[68] Die Erziehung im Elternhaus, im Kindergarten und in der Schule ist, wie wir bereits sahen, der Beginn eines Prozesses, der sich innerhalb der gesamten späteren Biografie in vielfacher Weise umgestalten wird. Angestrebt ist, eine möglichst gute geistige, seelische und körperliche Entwicklung der jungen Menschen vorzubereiten und zu pflegen. Die Schüler sollen die Voraussetzung erhalten, Interesse an der Welt entwickeln zu können und zu schöpferischem und verantwortungsvollem Handeln befähigt zu werden. Was davon im Rahmen einer Prüfung am Ende der Schulzeit nachgewiesen werden kann, wird entsprechend organisiert.[69] Ein «Erfolg» dieser langjährigen Bemühungen ist aber, wenn überhaupt, nicht oder nur im begrenzten Sinn mit schulischen Maßstäben «operationalisierbar». Er wird sich meist erst im weiteren Lebenslauf offenbaren. Ein Schüler, der mit der Abiturprüfung seine Schulzeit abgeschlossen hat, wird vielleicht Landwirt, ein sogenannten Hauptschüler ergreift die Aufgabe eines Ent-

---

68 Stefan Leber: *Die Menschenkunde der Waldorfpädagogik. Anthropologische Grundlagen der Erziehung des Kindes und Jugendlichen*, Stuttgart 1993.
69 Vgl. Dietrich Esterl: *Welche Abschlüsse gibt es an Waldorfschulen? Elternfragen an die Schule*. Stuttgart 1997.

wicklungshelfers in einem wirtschaftlich und politisch aus-
gewiesenen Krisenstaat. Beide haben eine unterschiedliche
Prüfung absolviert, aber die pädagogische Grundlage ihrer
gemeinsamen Schulzeit war gleich. Der Deutschunterricht
hat mit dichterischen Werken und literarischen Werten unter fachspezifischem Gesichtspunkt den Schülern inhaltliche
Angebote bereitzustellen, wie er auch im gleichen Maße
bestrebt sein muss, Kenntnisse und sprachliche Fähigkeiten
der Jugendlichen in bezug auf ästhetische, grammatikalische,
historische, sozio-kulturelle und semantische Phänomene
zu wecken. In der lebendigen Begegnung mit dem gesprochenen, geschriebenen und künstlerisch gestalteten Wort,
den vielfältigen Dimensionen von Literatur und Grammatik
im Allgemeinen[70] und «erlesener» Dichtung im Besonderen
sollten Sprache, Sprechen, Zuhören, Denken, Schreiben und
Urteilen aufgerufen und geübt werden können. Es ist wichtig, dass Schülerinnen und Schüler erkennen und durchaus mit eigenen Worten benennen können, was sie in der
Begegnung mit dem gestalteten Kunstwerk empfinden und
denken. Aber ebenso wichtig ist die Erfahrung des «Schei-
terns», des Suchens nach Worten, des Stammelns und mu-
tigen Neuprobierens, wenn dieser Akt (noch) nicht sogleich
problemlos möglich scheint. Wie bei einer Geburt bringt
auch die Geburt der eigenen Sprache mancherlei Schmerzen
mit sich. Der Unterricht kann nicht immer «Spaß» machen,
aber die Freude über das Geleistete oder im Ansatz Erahnte,
die sollte schon erfahrbar sein. Die Auswahl der Stoffe und
Methoden richtet sich deshalb vorrangig nach der jeweiligen
konkreten Klasse, mit der ein Lehrer gerade arbeitet. Er
muss den Entwicklungsstand seiner Schüler aufmerksam
beobachten und denjenigen Unterrichtsinhalten den Vorzug

---

70 Vgl. Erika Dühnfort: *Der Sprachbau als Kunstwerk. Grammatik im Rahmen der Waldorfpädagogik.* Stuttgart ²1987.

geben, die den jungen Menschen dabei helfen, ihre eigenen seelischen und geistigen Kräfte dem jeweiligen Alter und der Lebenssituation entsprechend angemessen zu entfalten. Der Deutschunterricht kann dann einen erheblichen Beitrag zur Selbstfindung der Schüler bilden, wenn er durch die Auswahl bestimmter Stoffe, Themen und Motive der Dichtung den unausgesprochenen und zum Teil auch unbewusst «latenten» Lebensfragen Sprache verleiht. Angesichts der allgemeinen literaturdidaktischen Diskussion der letzten Jahrzehnte erscheint es aber sinnvoll, darauf hinzuwirken, dass die starke Betonung entwicklungspsychologischer Überlegungen im Deutschunterricht nicht zu einer einseitig «pädagogisierenden» oder normiert moralisierenden Betrachtung von Literatur führt. Dadurch würden sowohl die Autonomie des Schülers als auch die der Dichtung verfehlt.

Gibt es einen verbindlichen Lehrplan?

Im Jahr 2003 erschien im Rahmen der Pädagogischen Forschungsstelle beim Bund der Freien Waldorfschulen die 569 Seiten umfassende Erstausgabe mit dem Titel «Pädagogischer Auftrag und Unterrichtsziele – vom Lehrplan der Waldorfschule» als Buch. Sehr informativ und mit profunder Sachkenntnis finden sich in ihm zu allen Unterrichtsfächern und Altersstufen die Inhalte und die menschenkundlichen und methodischen Hinweise aufgeführt. Und doch: Ein Lehrplan im herkömmlichen Sinn ist es nicht. Denn, so Rudolf Steiner, die *Waldorfschul-Pädagogik ist überhaupt kein pädagogisches System, sondern eine Kunst, um dasjenige, was da ist im Menschen, aufzuwecken. Im Grunde genommen will die Waldorfschul-Pädagogik gar nicht erziehen, sondern aufwecken. Denn heute handelt es sich um das Aufwecken. Erst müssen die Lehrer aufgeweckt werden, dann müssen die Lehrer wieder die Kinder und jungen Menschen aufwecken.*[71]

Die entscheidenden Hinweise zur Didaktik und Methodik des allgemeinen Unterrichts im Rahmen einer erneuerten *Erziehungskunst* hat Rudolf Steiner im Jahre 1919 gemeinsam mit dem Kollegium der ersten Waldorfschule in Stuttgart unmittelbar während der vorbereitenden Gründungswochen in Vortrags- und Seminarform entwickelt. Ein fertiges Grundlagenwerk zur Pädagogik hat er, im Gegensatz etwa zur Medizin, nicht geschrieben und nicht veröffentlicht. Den Ausgangspunkt dieser Pädagogik bildet ein erweitertes und umfassendes Welt- und Menschenverständnis, das in Bezug auf Wissenschaft, Kunst und Religion eine Herausforderung, Umbildung und Reformation gegenüber gängigen Auffassungen darstellt. Diese methodisch und inhaltlich moderne Weltanschauung hat Rudolf Steiner als *Anthroposophie* bezeichnet. Ohne die aus ihren Erkenntnismethoden und Inhalten zu gewinnende «*Allgemeine Menschenkunde als Grundlage der Pädagogik*»[72], so der Titel jener vierzehn Vorträge anlässlich der anstehenden Einweihung, sind die Didaktik und Methodik der Waldorfschule nicht zu begründen und unzureichend zu vermitteln. Da das «*Menschenbild*» der Waldorfpädagogik und ein darauf Bezug nehmendes Curriculum gedanklich klar beschrieben, aber vom Wesen her nicht dogmatisch und abgeschlossen festgelegt werden können, ist es die Aufgabe jedes einzelnen Lehrers – individuell *und* im gemeinsamen Konferenzgespräch –, den *Gründungs-*

71 Rudolf Steiner: *Geistige Wirkenskräfte im Zusammenleben von alter und junger Generation. Pädagogischer Jugendkurs 1922.* Dornach 1990, S. 36 (Taschenbuch).
72 Rudolf Steiner: *Allgemeine Menschenkunde als Grundlage der Pädagogik.* Vierzehn Vorträge, gehalten in Stuttgart vom 21. August bis 5. September 1919, Dornach [7]1973. GA 293.

prozess des Jahres 1919 *im Hinblick auf dessen Methode* permanent für die Gegenwart neu zu verlebendigen und zu «*erfinden*». Die Lehrerseminare mit ihren verschiedenen Ausbildungskursen und die wöchentlichen Konferenzen an den Schulen bilden die konkreten Orte der *Annäherung an einen möglichen und lebendigen «Lehrplan»*.

Vor diesem weiten geistigen und sozialen Horizont sind auch die fachdidaktischen Anregungen zum Deutschunterricht zu verstehen. Das fachdidaktische Curriculum Deutsch ist als *offen* zu bezeichnen. Das gilt dann auch im Hinblick darauf, dass im realen Unterricht der verschiedenen Waldorfschulen den Hinweisen Rudolf Steiners bei der möglichen Auswahl zu behandelnder Dichtung und didaktischer Aspekte die entscheidende Bedeutung zukommt. Seine konkreten inhaltlichen Vorschläge wurden über Jahrzehnte hin aufgegriffen, geprüft, modifiziert und ergänzt. Sie haben sich als *Stoffangabe* und als *Anregung* bewährt. Im Grunde genommen ist aber die Gestalt des Deutschunterrichts von jedem Lehrer immer wieder bewusst zu revidieren und fortzuschreiben. Dieses Ideal pädagogisch-didaktischer Kunst bewegt sich auf dem schmalen und leicht zu verfehlenden Grat zwischen subjektiver Willkür und sanktioniertem Dogmatismus. An dem Grundgestus der schöpferisch-künstlerischen «Lehrplan»-Entwicklung, wie er sich 1919 gültig vollzogen hat, ist für das Fach Deutsch Maß zu nehmen, um die jeweils konkrete Umsetzung in jeder einzelnen Unterrichtsstunde so zu verstehen, wie sie gemeint sein will.

Wie wird das Vorstellen im Deutschunterricht erübt?

Innerhalb eines Arbeitsunterrichts, der zu Freiheit und Selbstständigkeit vorbereiten soll, ist es wichtig, den Menschen gleichermaßen mit seinen vorstellenden, empfindenden und pragmatischen Handlungsmöglichkeiten zu fordern und zu fördern. Einseitig rational betonte *Analysetechniken*, die an eigens dafür ausgewählten «Textsorten» zu üben sind, werden relativ spät (selten vor der 10. Klasse) und nur exemplarisch geübt. Vor der Kritikfähigkeit, die nicht ausgeschlossen bleiben soll, steht zunächst die Begegnung mit dem Unterrichtsinhalt. Erst ein vom Lehrer anzubahnendes und vom Schüler selbsttätig erzeugtes Verständnis für die *Sache* schafft ein sicheres und eigenständiges Urteilsvermögen. Im Deutschunterricht wird deshalb bei der Erarbeitung von Literatur, bei Interpretationsversuchen und Referaten darauf geachtet, wie *Stillarbeit, Gruppenarbeit* und *Unterrichtsgespräch* im umfassenden Sinn eines vorzubereitenden gründlichen Verstehensprozesses abwechselnd geübt werden können. Die in der allgemeinen Didaktik der Erziehungswissenschaft gängige und bekannte «dimensionale Bereicherung» in ihren drei Stufen (Anbahnung, Entfaltung, Gestaltung) und den drei spezifischen Akten der Daseinserhellung, Daseinserfüllung und Daseinsbewältigung sollte möglichst gleichzeitig, wenn auch unterschiedlich akzentuiert, in einer wechselseitig miteinander stehenden vorstellenden, empfindenden und tätigen Beziehung anwesend sein. Bei aller Förderung des Denkens soll immer darauf geachtet werden, dass die Schüler nicht nur intellektuelles Wissen speichern, dieses unbeteiligt reproduzieren und aller Voraussicht nach schnell wieder vergessen. Schriftlich anzufertigende umfangreichere *Referate*, die oftmals im 11. Schuljahr vorgesehen sind, beinhalten die Darstellung eines Romans, Theaterstücks oder einer Erzählung freier Wahl. Alle didaktischen Hilfsmittel, die die Frage «Wie referiere ich ein Thema sinnvoll und klar?» positiv beeinflussen, sind vorab vom Schüler zu sichten und zu prüfen. Es kann hilfreich sein, mit der örtlichen städtischen oder universitären *Bibliothek* einen geführten Besuch zu vereinbaren, damit es den Schülern leichter fällt, sich entsprechendes Material zu besorgen. Dieser gesamte Vorgang ist durchaus schon eine propädeutische Übung wissenschaftlichen Arbeitens. Das über Wochen hin vorbereitete Referatthema ist anschließend mündlich der gesamten Klasse vorzutragen. Tafelanschriften, Dias, Folien, Tonträger oder Kopien, die den Zuhörenden das Verstehen erleichtern sollen, sind als didaktische Medien empfohlen. Die bei diesen Vortragsübungen gezeigten Ergebnisse können in der Regel sehr beeindrucken. Die sogenannten power-point-Präsentationen sind möglich, aber für das freie mündliche Darstellen doch wenig ergiebig. Möglichst häufig sollten die Lehrerin und der Lehrer mit ihrer Klasse auch einen gemeinsamen *Theaterbesuch* vornehmen. Im Anschluss lassen sich gut *Leserbriefe* oder kleinere *Rezensionen* für die lokale Zeitung anfertigen.

Wie wird das Fühlen ausgebildet?

Der Deutschunterricht sollte auch gefühlsmäßig eine Erlebnisqualität eröffnen. Dabei hat vor allem der *Lehrervortrag* eine große Bedeutung Der Lehrer sollte durch eine möglichst plastische, eindringliche, aber doch freilassende Schilderung die Fantasie der Schüler anregen.[73] Bloße Faktenvermittlung

---

73 Vgl. z. B. Malte Schuchardt: Anregungen zum Erzählstil des Lehrers im dritten Jahrsiebt. In: *Jugend und Literatur*. Herausgegeben von Christoph Göpfert. Stuttgart 1993, S. 48 – 62.

ist nicht gemeint. Indem er die Unterrichtsinhalte mit sichtbarem eigenem Interesse und mit dem Bemühen um Objektivität erzählend gestaltet, erscheinen diese auch in den Augen der Schülerinnen und Schüler bedeutsamer und lernenswerter, als würde auf distanzierte Weise und durch betont rationale Informationen ein «Einstieg» angestrengt. Die «Erzählkunst» des Lehrers kann dazu verhelfen, dass der Jugendliche gern zuhört und das zu Lernende gedanklich und gefühlsmäßig individualisiert und verinnerlicht. Er wird es in der Regel langfristiger im Gedächtnis behalten, weil die lebendig aufgenommenen Bilder und Empfindungen im Lauf der menschlichen Entwicklung sich wandeln können. Sie dürfen gewissermaßen mitwachsen, ohne dass sie ausschließlich durch eine einzige «gelernte» und fixierte Vorstellung besetzt worden wären, die in einen Begriff geronnen sind.

In diesem Zusammenhang ist auch das an den Waldorfschulen vielfach praktizierte Unterrichtsverfahren der *rhythmischen Wiederholung* zu nennen. Gemeint ist damit, dass man auf bestimmte Unterrichtsinhalte in größeren Abständen immer wieder zurückkommt und dabei das Verstehen der Schüler stufenweise vertieft und sicherer werden lässt. Man schlägt ein Thema oder Motiv an, ohne es sogleich erschöpfend zu behandeln. Es kann und darf durchaus so sein, dass die Schülerinnen und Schüler bei ihrem jeweiligen «Reifegrad» das im Unterricht Vorgestellte intellektuell noch nicht vollständig begreifen. Fragen dürfen offen beiben. Wichtiger ist es, dass sie überhaupt entstehen und gestellt werden. Kommt der Lehrer später in einem anderen Zusammenhang auf dieselbe oder eine ähnliche Thematik zu sprechen, braucht er nicht nur zu erklären, was die Schüler momentan wahrnehmen, sondern kann genetisch auf dem aufbauen, was sie ursprünglich bei der Erstbegegnung in sich aufgenommen haben. Das scheinbar Neue wirkt für die Schüler bereits vertraut. Sie können es organisch in die vorhandene Begriffswelt «einwurzeln» (Martin Wagenschein) und selbstständig mannigfache Fäden zu angrenzenden Wissensgebieten ziehen.[74] Der Unterricht entfaltet über längere Zeit hin je nach dem Grad des individuellen Schülerverständnisses die Dimensionen seiner Stoffe auf immer höherem Niveau.

Wie wird das Wollen geschult?

Rhythmisch strukturiertes Tun stärkt neben intellektuellen und empfindenden Fähigkeiten aber auch die jugendlichen Willenskräfte. Anspannung soll sich wieder lösen können, eine einseitige und andauernde Belastung der Schüler soll vermieden werden. Betrachtender Unterricht wechselt ab mit stärker selbsttätigem Handeln. Wenn beispielsweise diktiert wird, so ist dies nicht nur eine Notwendigkeit, die sich aus dem Führen der *Epochenhefte* ergibt, sondern eine gewünschte Phase des aufmerksamen Zuhörenlernens und des lernpsychologisch wichtigen Retardierens bei der Entfaltung des Stoffes. Die Schüler erfahren den Weg einer Idee, die möglichst mit Herzenskräften zum eigenen Ideal erwärmt worden ist und ihren Ausdruck darin findet, dass sie die tätigen Glieder erreicht und sich in der persönlichen Handschrift individualisiert. Sie schreiben ihre «Lehrbücher» selbst, die neben bestimmten Inhalten auch den Prozess des Lernens dokumentieren und vor allen Dingen durch das tägliche Tun unmittelbar auf den Willen wirken. *Und da kommen wir auf eine tiefe Qualität des Übens, der Willensschulung, nämlich bewusstes, wiederholentliches Tun aus einem Zielgedanken: Ich*

74 Vgl. Peter Buck: *Einwurzelung und Verdichtung. Tema con variazione über zwei Metaphern Wagenscheinscher Didaktik.* Kooperative Dürnau 1997.

will es, und deswegen wiederhole ich es. Es braucht zwar jedes Mal eine Überwindung, aber diese Überwindung leiste ich, weil das Ziel stark ist.[75] Dass dabei heute mehr denn je der Wunsch der Schülerinnen und Schüler entsteht, auch mit dem PC arbeiten zu können, ist naheliegend. Aber die Ausbildung der eigenen Schrift sollte unter keinen Umständen fallengelassen werden. Die *Epochenhefte* und die originalen Ganzschriften (Novellen, Erzählungen, Romane, Dramen etc.) und Ausgaben poetischer und nichtpoetischer Texte (Gedichtsammlungen) bilden die literarische Grundlage des Unterrichts. Gängige Lese- und Schulbücher gibt es nicht. Die deutliche Strukturierung des Unterrichts ist zudem deshalb wichtig und möglich, weil er zu einem großen Teil epochenweise in Doppelstunden gegeben wird, das heißt, dass die einzelne Unterrichtseinheit in der Regel mehr als 100 Minuten umfasst. In diesem Zusammenhang könnten ausgearbeitete Unterrichtsbeispiele der sogenannten *Lehrkunst-Didaktik* geprobt und überprüft werden. Wenn etwa Lessings «Nathan der Weise», Brechts «Leben des Galilei» oder Goethes «Italienische Reise» ergänzend zur vertrauten Unterrichtsmethode als themenzentrierte *Lehrstücke* entdeckt werden, so sind gerade innerhalb einer Epoche die Schülerinnen und Schüler in besonderer Weise zu eigenständigem Tun aufgerufen.[76] Lehrstücke haben sich nicht nur im Hinblick auf die Ausbildung des Wollens bewährt. Ihre sich stets vom Gegenstand ausbreitende Wirkung reicht in alle Dimensionen des menschlichen Lernens und Lebens hinein.

75 Heinz Zimmermann: *Was kann die Pädagogik des Jugendalters zur Willenserziehung beitragen?* Heidelberg 2002, S. 20.
76 Zur Lehrkunst-Didaktik insgesamt vgl. Hans Christoph Berg / Theodor Schulze: *Lehrkunst. Lehrbuch der Didaktik.* Neuwied / Kriftel / Berlin 1995. – Zu einem einzelnen Lehrstück aus dem literarischen Bereich siehe Heinrich Schirmer: «Unsere Italienische Reise». In: Hans Christoph Berg / Wolfgang Klafki / Theodor Schulze (Hrsg.): *Lehrkunstwerkstatt III., Unterrichtsbericht.* Neuwied / Kriftel / Berlin 1999.

Ihre mögliche Einbeziehung in den Unterricht dokumentiert nebenbei den Umstand, dass die Waldorfpädagogik durchaus die Diskussion der allgemeinen Hochschuldidaktik verfolgt und wertet. Und an einigen Stellen öffnet sie gelungenen Exempeln auch gern ihre Tür.

Die *Rezitation* dichterischer Werke oder das chorische und einzelne Sprechen ausgewählter kleiner Übungen, das fächerübergreifend und kontinuierlich aufgegriffen wird, trägt dazu bei, den Unterricht künstlerisch und menschlich zugleich zu gestalten.[77] Im zu erlebenden atmenden Rhythmus der poetischen Sprache ist bereits am Beginn einer Unterrichtsstunde von den Schülern unbewusst und exemplarisch zu erleben, dass eine künstlerische Gliederung Lernfreude und Wachheit zu wecken vermag. Die Artikulationsfähigkeit und Sprachbewusstheit werden gefördert. Die Schüler erwerben sich dabei auch einen Fundus an Gedichten, die sie auswendig beherrschen. Dadurch, dass sie die Dichtungen viele Tage hintereinander üben und schließlich – wie von selbst – auswendig und frei sprechen können, entsteht häufig eine stärkere innere Verbindung zum poetischen Wort. *Genaue Erinnerung und Rückgriffe auf das Gedächtnis vertiefen nicht nur unsere Auffassung eines Werkes: sie erzeugen auch einen wechselseitigen Austausch zwischen uns und dem, was das Herz weiß. Und in dem Maße, wie wir uns verändern, ändert sich auch der gestaltgebende Kontext der internalisierten Dichtung ...*[78] Einer späteren Exegese sind damit wertvolle Hilfen gegeben.

---

77 Vgl. Christa Slezak-Schindler: *Künstlerisches Sprechen im Schulalter. Grundlegendes für Lehrer und Erzieher.* Hrsg. von der Pädagogischen Forschungsstelle beim Bund der Freien Waldorfschulen, Stuttgart 1978.
78 George Steiner: *Von realer Gegenwart. Hat unser Sprechen Inhalt?* München / Wien 1990, S. 21.

Epochenunterricht oder Fachstunden?

Epochen sind herausragende Zeiten. Wie wir das Netz der Meridiane über die Erdkugel werfen, um uns im Raum orientieren zu können, so teilen wir die Geschichte der Menschen, ihrer Politik und Kunst, ihrer Philosophie und Religion in Einheiten ein, die ein systematisches Verständnis ermöglichen. Besonders herausragende Momente geben dann einer Zeit ihren epochalen Charakter und Namen. Dieser Gedanke gilt von allem Anfang an auch für die Unterrichtsorganisation der Waldorfschule. Der Deutschunterricht in der Oberstufe findet also im Wesentlichen als *Epochenunterricht* statt. Damit ist die Möglichkeit gegeben, täglich von 8.00 Uhr bis etwa 9.40 Uhr (oder 9.45 bzw. 9.50 Uhr) zusammenhängend ein bestimmtes Unterrichtsgebiet über zwei, drei oder vier Wochen hin auszubreiten. Jede Epoche beschäftigt sich dabei mit einem charakteristischen Thema, das von verschiedenen Seiten immer wieder umkreist und neu bedacht wird. Hat das behandelte Thema eine wirkliche Gestalt und einen befriedigenden Abschluss gefunden und sind die Schüler in vielfältiger Weise in den Stoff eingedrungen (und er in sie!), regiert ein anderes «Hauptunterrichtsfach» für die kommenden Wochen den schulischen Tageslauf. Das bisher über Wochen hin betriebene «Fach» darf ruhen und tritt zurück. Erst zu einem späteren Zeitpunkt innerhalb des Schuljahres wird es erneut aufgegriffen. In vielen Schulen «grundieren» zwei *Fachstunden* Deutsch im wöchentlichen Stundenplan den wechselnden Epochenrhythmus. In einigen Schulen kommen die Fachstunden erst in der elften oder zwölften Klasse hinzu. Kontinuität und Variation ergänzen einander. Die Inhalte der Fach- und Übstunden sind nicht verbindlich festgelegt. Je nach Notwendigkeit einer konkreten Klasse sind unterschiedliche Bereiche denkbar: Grammatik, Rechtschreibung, Aufsatzlehre, Literaturkunde, Referate usw. In ihnen geschieht Wesentliches und Notwendiges. Bei Fächern, die ausschließlich nur in einzelnen Fachstunden erteilt werden, geschieht in ihnen hoffentlich auch das Entscheidende. Und doch ist es wahrscheinlicher, Einschlagendes, Bleibendes, «Epochales» im Hinblick auf die inhaltliche und methodische Gesamtgestalt der künstlerischen Unterrichtsgestaltung im Epochenunterricht erreichen (oder manchmal leider auch verfehlen) zu können. Einzelne Fachstunden werden von den Schülerinnen und Schülern im späteren Leben nur selten erinnert werden können. Bei Epochen ist das anders. Sie können durchaus ein deutliches Erinnerungsbild bleiben. Für den Deutschunterricht der Klassenstufen 9 bis 12 sind jeweils zwei Epochenzeiten im Schuljahr vorgesehen. Die einzelne, tägliche «Hauptunterrichtseinheit» ist in der Weise gegliedert, dass sie mit rhythmischen Sprech- und Sprachübungen beginnt und dann in einer stärker betrachtend-urteilenden Phase an die am Vortag anfänglich behandelten Stoffe, Themen und Motive anzuknüpfen sucht. Dabei sollten Fragen aufgeworfen werden, die durchaus «offen» bleiben dürfen. Die ursprünglich möglichst objektiv dargestellten literarischen oder gedanklichen Phänomene des vorangegangenen Tages, die gegebenenfalls durch eine Hausaufgabe des Schülers nach- oder vorbereitet worden sind, werden jetzt im Unterrichtsgespräch behutsam miteinander erwogen und verstehend vertieft. Der Prozess der aktuellen Urteilsbildung, der sich an die Wahrnehmung eines gestern erschlossenen Inhaltes anschließt und über Nacht die erarbeiteten Begriffe zu eigenen Vorstellungen individualisiert hat, erhält durch die noch morgendlich relativ unbelastete Aufnahmebereitschaft der Schüler eine bemerkenswerte Frische, Kraft und Sicherheit. Nur wenn diese am Beginn stehende Abrundung eines Themas, dessen Klärung noch ausstand, gelungen ist, beginnt die Annäherung an ein fortzuführendes Motiv oder an ein neues Thema, für das die Schüler in gleicher Weise erst am nachfolgenden Tag zum Urteilen aufgerufen werden. Die «Artikulation» eines einzelnen Hauptunterrichts wird also erst fruchtbar und verständlich, wenn *die zeitliche Struktur* der gesamten Epoche berücksichtigt wird.[79]

Eine große Bedeutung kommt all jenen Übungen zu, durch welche *die mündliche Ausdrucksfähigkeit* der Schüler gefördert werden kann. Sie sollen die Möglichkeit erhalten, ihre eigenen Gedanken und Gefühle klar aussprechen zu können und fremde Äußerungen, seien sie schriftlich oder mündlich, verstehen und beurteilen zu lernen. Kleine *szenische Verfahren* zur Interpretation von Dichtung im Unterricht, verbindlich für alle Schülerinnen und Schüler, ermöglichen ein vertieftes Verständnis der zu behandelnden Literatur. Bei diesen Übungen geht es vornehmlich nicht um Theaterspielen einer zuvor erarbeiteten Inszenierung, das szenische Spiel ist vielmehr Akt eines sinnlichen und zugleich intellektuellen Textzugangs, einer Texterschließung und Texterfahrung. Es ist kein Ersatz für eine Textdebatte, sondern die Voraussetzung dafür. Wenn eine Klasse dann die Aufführung eines abendfüllenden Theaterstücks *(Klassenspiel)* vorbereitet, wie dies zum Beispiel regelmäßig in der 8. und 12. Klasse als eine Form der künstlerisch-darstellenden Abschlussarbeit der Fall ist, so kann dies zumeist ebenfalls aus dem Deutschunterricht heraus vorbereitet, vertieft und begleitet werden (Kennenlernen verschiedener Stücke, Schülerreferate, Auswahlgespräche, Entwickeln von Kriterien, Rollenverteilung, Stückinterpretation, Programmheft entwerfen, Rezensionen für die Zeitung schreiben usw.). Die künstlerischen und dramatischen

79 Vgl. dazu Heinrich Schirmer: *Bildekräfte der Dichtung. Zum Literaturunterricht der Oberstufe.* Stuttgart 1993, besonders die Seiten 195 ff.

Übungen auf der Bühne gelten für alle Schülerinnen und Schüler. Es geht nicht um die freiwillige Teilnahme an einer Theater-AG. (Die kann gegebenenfalls immer von Interessierten eingerichtet werden). Das Klassenspiel ist keine kreative Nische für besonders Begabte oder ein Alibi für ansonsten lernschwache Schülerinnen und Schüler. Es ist die Erfahrung, dass das «Wort Fleisch werden» kann, wenn man es selbst durch seinen Körper, durch Sprache, Gesten und Mimik zur Erscheinung bringt. Zwischen dem *szenischen Verfahren* zur Interpretation von Literatur und dem eigentlichen *Klassenspiel* stehen noch kleine dramatische Versuche im Unterricht, für die es teilweise wunderbare Anleitungen und Vorlagen gibt und die sich stärker auf den «handelnden» Schüler beziehen als auf das bloße Textverständnis.[80]

Die Schüler fassen sich selbst den Stoff der einzelnen Epochen und Stunden in ihren *Epochenheften* zusammen. Dadurch werden sie zur Aufmerksamkeit und Eigenaktivität angeregt. Ihr sprachliches Darstellungsvermögen wird geschult, und eine persönliche Auseinandersetzung mit den Unterrichtsinhalten, möglicherweise auch ein stärkerer innerer Bezug zu ihnen, wird nahegelegt. Über die Heftgestaltung können die Schüler zudem in ihrem ästhetischen Wahrnehmen und Gestalten gefördert werden. Der Deutschlehrer sammelt nach Abschluss der Epoche (gegebenenfalls auch während dieser Zeit) die Hefte ein, um die eingearbeiteten Klassen- und Hausaufsätze sorgfältig zu lesen, inhaltliche Randnotizen zu machen und nötige Korrekturen vorzunehmen. Sein Gesamturteil wird er am Ende des Epochenheftes in Form eines Kommentars schriftlich vermerken. Bei der Rückgabe der Schülerhefte haben der Schüler und der Lehrer die Mög-

---

80 Vgl. z.B. Augusto Boal: *Theater der Unterdrückten. Übungen und Spiele für Schauspieler und Nicht-Schauspieler.* Frankfurt am Main 1989 (edition suhrkamp).

lichkeit, über die vorliegenden schriftlichen Leistungen ins Gespräch zu kommen. Im Jahreszeugnis werden die mündliche, schriftliche und soziale Mitarbeit der Schüler, deren Entwicklungsschritte in Bezug auf Verstehens- und Darstellungsmöglichkeiten und die zukünftig anstehenden Übungsfelder noch einmal ausführlich beurteilt und angesprochen. Noten in Form von Ziffern oder Punkten sind zunächst nicht vorgesehen. Bisweilen tritt aber eine Bewertung nach Notenpunkten in der 12. und 13. Klasse auf – auch immer dann, wenn Schüler die Schule vorzeitig verlassen. Dem schriftlichen Textzeugnis wird in diesem Fall auf Wunsch ein Notenzeugnis hinzugefügt. Die Vorstellung, eine Note sage mehr als eine schriftliche Charakteristik und sie sei «objektiver», ist eben leider immer noch weit verbreitet.

6. Die Deutschepochen in der Oberstufe

Zwölf oder dreizehn Jahre?

Wenn wir die heutige Form der Waldorfschule betrachten, so muss zugegeben werden, dass sie sich erst im Lauf der Jahre und Jahrzehnte so gebildet hat. Als Rudolf Steiner im April 1919 einen ersten skizzenhaften Plan einer neuen Bildungslandschaft entwickelte, war durchaus an eine viel größere und nachhaltigere Erneuerung der damals bestehenden sozialen, politischen und damit auch pädagogischen Einrichtungen in Deutschland gedacht. Nicht nur das Schulwesen, sondern vor allem auch das Hochschulwesen sollten ihre Abgangs- und Zugangsmodalitäten grundlegend verändern. Die Schülerinnen und Schüler könnten danach zum Beispiel nur bis zum sechzehnten Jahr in der Schule bleiben, um anschließend für zwei Jahre an der Universität ein studium fundamentale zu absolvieren und erst dann mit ihrem Fachstudium beginnen. Das Abitur hätte seine Berechtigung allmählich verlieren müssen. Generell war es Rudolf Steiners Anliegen, alles staatlich Reglementierte, alles Gymnasiale und Akademische aus der Schule herauszuhalten. Die «Einheitsschule der Zukunft» konnte damals allerdings nicht verwirklicht werden. Auch die Einrichtung einer «Arbeiterschule» für diejenigen Schülerinnen und Schüler, die nicht das Abitur anstreben wollten, wurde erwogen. Sie sollte in den letzten drei Schuljahren parallel zum Abiturzug laufen. Auch das kam damals noch nicht zustande. Wie auch immer: Die heutige Waldorfschule ist in jedem Fall eine Frucht der «Idee zu einer sozialen Dreigliederung» des Geistes-, Rechts- und Wirtschaftslebens, wie sie Rudolf Steiner umfassend vorschwebte. Aber sie ist für die Zukunft auch ein Keim einer neuen Schulform. Dieser Keim muss lebendig bleiben, wenn es sich entwickeln will. Wer glaubt, die heutige Form der Waldorfschule sei eine beklagenswerte Verwässerung einer ursprünglichen gültigen Idee, der irrt ebenso wie der, welcher meint, man könne willkürlich experimentieren.

Die eigentliche Oberstufenzeit der Waldorfschule beginnt seit 1920 mit dem neunten Schuljahr. Sie endete erstmals mit dem zwölften im Jahre 1924. Dieser Zeitraum von vier Jahren schließt also in einem Alter der Jugendlichen ab, in dem sie sich biografisch in einem bedeutsamen Augenblick befinden. Sie sind etwas älter als 18 Jahre. Es ist die Zeit, in der sie ihren ersten sogenannten Mondknoten durchlaufen. *Bekanntlich ist die Mondbahn gegenüber der geozentrischen Sonnenbahn um fünf Grad geneigt. Die Schnittpunkte der beiden Bahnen sind die Mondknoten. Ihr langsames Wandern durch den Tierkreis zeigt einen vollen Umlauf in der Ekliptik in achtzehn Jahren, sieben Monaten und neun Tagen.*[81] Es handelt sich hierbei um einen Zeitraum, in dem sich bisweilen «über Nacht» gewisse Lebenspläne und Wünsche des Jugendlichen ändern, ohne dass er sich dieser Neuausrichtung seiner Zukunftsvorstellungen sonderlich bewusst würde. Es sind seelisch-geistige Umschmelzungsprozesse, keine organischen Entwicklungsschritte. Der Jugendliche steht wie am Tag seiner physischen Geburt, kosmisch gesprochen, unter der gleichen Konstellation. Jetzt will aber endlich etwas anderes geboren werden, nämlich jene Instanz, sich selbst bestimmen zu können und die wir mit dem Wort Ich bezeichnen. In jedem Fall, so Steiner, sei dieses subtile kosmische Verhältnis des Mondes zur Sonne pädagogisch zu berücksichtigen. Nach diesen Hinweisen wurde der «Lehrplan» entwickelt und als Schulform eingerichtet. Überlegungen, wie sich etwa Stoffverteilungsfragen organisieren lassen, waren zweitrangig.

Als aber der Wunsch einiger Schülerinnen und Schüler aufkam, die Reifeprüfung abzulegen, war eine Grundsatzentscheidung nötig geworden. Wie sollten die staatlichen Auflagen zur Erlangung des Abiturs in zwölf Schuljahren erfüllt werden können, ohne dass dieser menschenkundliche Bezug aufzugeben wäre? *Ob wir nun die Vorbereitungsklasse einführen oder den Lehrplan negligieren, das ist die Frage*, so Rudolf Steiner zu den Lehrern des ersten Kollegiums.[82] Wir kennen heute längst die Antwort. Der Weg zum Abitur geht an den Waldorfschulen bisher über dreizehn Jahre. In der «Vorbereitungsklasse für das Abiturium», wie Rudolf Steiner das der originären Waldorfoberstufe angehängte Jahr bezeichnet wissen wollte, werden die Schülerinnen und Schüler speziell

---

81 Wolfgang Schuchardt: Motive des dritten Jahrsiebts. In: *Zur Menschenkunde der Oberstufe. Gesammelte Aufsätze.* Stuttgart 1981, S. 43
82 Rudolf Steiner: Konferenzen, 5.2.1924

nach staatlichen Prüfungsvorgaben vorbereitet. Die Ziele und Inhalte des Unterrichts werden in den jeweiligen Bundesländern von den Kultusministerien vorgegeben und sind einzusehen. Die eigentliche zwölfte Klasse der Waldorfschulzeit musste deshalb – manchmal nur wenig, manchmal aber auch durchaus schmerzhaft – angetastet und verändert werden. Dass manchen Kolleginnen und Kollegen diese notwendigen Kompromisse zu weit gehen, soll nicht verschwiegen werden. Politik, Wirtschaft und Schulverwaltung haben sich nun seit einiger Zeit auf eine zwölfjährige Schulzeit bis zum Abitur verständigt. Das Curriculum der staatlichen Schulen lässt das zu. Die Waldorfschulen stehen dagegen heute erneut vor der Frage des Jahres 1924. Das ist eine große Bürde, aber auch eine Chance.

Wenn wir im Folgenden die vier Jahre der vertrauten Oberstufengestalt und ihrer Epochen darstellen, wie sie sich über Jahrzehnte ausgebildet haben, so tun wir es nicht in dem naiven Bewusstsein, nichts würde und dürfe sich in der Zukunft verändern. Es kann durchaus nötig, wichtig und richtig sein, dass nunmehr die Form der bisherigen Oberstufe tatsächlich von den Kollegien in der näheren Zukunft vernachlässigt («negligiert») werden muss, was vor mehr als achtzig Jahren noch weitgehend vermieden werden konnte. Wir erinnern daran, dass wir den gesamten «Lehrplan» und auch die Schulform als offen und nicht als unveränderbar bezeichnet haben. Waldorfpädagogik ist nicht auf feste Formen angewiesen. Sie schafft sich diese erst für den jeweiligen Rahmen, in dem sie wirken will. Statt Dogmatismus zu betreiben, ist für die betroffenen Lehrer (und Eltern) eine gemeinsame und verlebendigende Erkenntnisarbeit zur Waldorfschule der Zukunft angesagt. Das ist die notwendige Herausforderung, der sich die einzelnen Schulgemeinschaften zu stellen haben. An der bislang pädagogisch begründeten und curricular die

Oberstufe begründenden Gestalt kann bei einer Neuorientierung Maß genommen werden. Hier gilt das Bildeprinzip, das Goethe für sein Gedicht über die «Metamorphose der Pflanze» geltend gemacht hat: *Alle Gestalten sind ähnlich und keine gleichet der andern / Und so deutet das Chor auf ein geheimes Gesetz.* Wie hat sich die Gestalt für das Fach Deutsch in der Vergangenheit gezeigt?

Die 9. Klasse

Themen und Motive der zwei zur Verfügung stehenden Deutschepochen nehmen auf die Situation der fünfzehnjährigen Jugendlichen Bezug. Erstmals treten in den einzelnen Fächern der Oberstufe verschiedene Fachlehrer vor sie hin. Den vertrauten Klassenlehrer, den sie bestenfalls über acht Jahre hin kennengelernt hatten und der sie selbst gut kannte, haben sie verlassen. Die Schülerinnen und Schüler orientieren sich neu. Sie sind auf sich gestellt. *Die Sache des Unterrichts* rückt in den Vordergrund. Das *Erarbeiten eigenständiger Methoden*, mit deren Hilfe man sich den jeweiligen Gegenstand erschließt, ist zu üben. Die jetzt altersspezifisch auftretenden *Ideale* und die unausgesprochene und unauszusprechende *Sehnsucht nach einer menschlichen Bindung* benötigen das Verständnis des Erwachsenen. Die latenten Fragen nach der eigenen Individualität treten auf. Jugendliche dieses Alters sind Idealisten. Jedes Gespräch mit ihnen zeigt ein Ringen um Erkenntnis und ein Sich-Behaupten-Wollen. Dass sich die Häutung des Kindes zum Jugendlichen unter teilweise dramatisch zu nennenden sozialen Tumulten und persönlichen Verletzungen im Rahmen der Klasse abspielt, ist naturgemäß. Der Unterricht begleitet diesen Prozess dadurch, dass er thematisch *Aspekte der deutschen Klassik*, namentlich die *Biografien und ausgewählte Werke von Goethe und Schiller*, in den Mittelpunkt rückt. Die Gedanken und die *Sprache des Idealismus* werden erübt. Die Kraft, Schönheit und Bildbarkeit der Sprache und des gemeinsamen Sprechens müssen erlebbar werden. Weitere Unterrichtsinhalte sind den Fragen zu menschlichen Seelenäußerungen gewidmet: Was ist Tragik? Was ist Komik? Worin besteht *die menschenbildende Macht des Humors?* Der didaktische Blick in der neunten Klasse schaut nicht auf den Jugendlichen, wie er sich gibt, sondern wie er sich noch verbirgt, aber einmal offenbaren wird. Welche der beiden Epochen als erste unterrichtet wird, ist nicht festgelegt.

Die «Goethe-Schiller-Epoche»

Am Leben der beiden größten deutschen Dichter erfahren die Jugendlichen, wie unterschiedlich und prägend die Ausgangslagen von *Biografien* sein können. Ganz unmittelbar tauchen bei den Schülerinnen und Schülern Fragen auf: *Wer* bin ich? Seit *wann* bin ich? Bin ich wirklich nur das genetische Produkt meiner Eltern oder das Ergebnis meiner Umwelt? Wo liegen die frühesten Inseln im Strom der unbewussten Kindheit, an die ich mich selbstständig erinnern kann? Wir zitieren aus einem Epochenheft:

Ich glaube, dass das mein frühestes Erlebnis ist. Aber sicher bin ich mir nicht. Ich vermute, dass ich damals drei Jahre alt war. Es war in der Zeit, in der sich meine Eltern trennten. Ich weiß eigentlich nur noch, dass ich den Flur entlang getappt bin und gesehen habe, dass im Esszimmer ein Licht brennt. Ich vermute deshalb, dass es draußen schon dunkel war und es Abend war. Ich habe also um die Ecke gespickelt. Das Zimmer hat einen Türrahmen ohne Tür. Ich weiß noch ganz genau, wie der Tisch aussieht, der im Zimmer stand. Stühle standen um den Tisch herum und eine Frau saß auf einem Stuhl an dem

Tisch. Der Tisch stand gegenüber der Tür, das Gesicht der Frau war zu mir gewandt. Ich glaube, die Frau war meine Mama und sie weinte. Ich kann mich noch genau an das Geräusch erinnern. Sie kann sich daran allerdings nicht mehr erinnern. Auch die anderen Berichte der Schüler nehmen meist auf ein Ereignis Bezug, das schockartig oder in irgendeiner Weise bewusstseinsweckend war (Tod des Großvaters, Einbruch im Eis eines Sees, ein Sturz von der Schaukel). Immer jedenfalls steht plötzlich die erste Erfahrung des eigenen «Ich bin» am Anfang der Rückschau.[83]

Ähnliche Erlebnisse finden sich deshalb natürlich auch in den autobiografischen Notizen Goethes, an die man im Unterricht anknüpfen kann. Schon früh zeigt sich dessen unverwechselbare Individualität. Allein aus diesem Grund müsste es eigentlich unmöglich gewesen sein, dass sich Goethe und Schiller überhaupt haben treffen und erkennen können. Aber auch Vererbungsvoraussetzungen und Milieu beider Männer können nicht unterschiedlicher gedacht werden. Goethe wird in der Freien Reichsstadt Frankfurt geboren, Schiller in der vom württembergischen Herzog abhängigen Kleinstadt Marbach. Die eine Stadt liegt am schiffbaren und den Handel und Reichtum der Bürgerschaft befördernden Main. Die andere liegt am schönen, aber letztlich doch nicht einträglichen Ufer des Neckar. Goethes Vater und Großvater waren «gemachte» und geachtete Bürger, Schillers Vater war Soldat und Gärtner im Dienste eines Herrn. Goethe hatte einen privaten Hauslehrer, Schiller besuchte verschiedene Schulen, die eher an Kasernen erinnern. Diese Polarität erstreckt sich über ihre gesamte Lebenszeit, ihre äußere Gestalt, ihre Schriftzüge und ihre «Karriere». Die Gefährdung dieser Lebensumstände wird deutlich. Schiller hätte leicht

83 Vgl. Andreas Maier: «*Ich.*» *Frankfurter Poetikvorlesungen.* Frankfurt am Main 2006.

unter dem Joch seines Herzogs und seiner gesundheitlichen Situation zusammenbrechen können. Die selbst erzeugten Fantasiekräfte haben ihn gerettet. Und Goethe hätte leicht verbürgerlichen können. Warum soll sich jemand, der vom Schicksal so begünstigt erscheint, noch anstrengen, etwas Eigenständiges zu werden? Die Polarität zeigt sich auch noch an Sterben und Tod der beiden. Schiller stirbt bekanntlich elend und krank in den besten Mannesjahren und wird in kleinem Kreis anonym in einem Massengrab bestattet. Für ihn waren die letzten zehn Jahre seines Lebens durch die Freundschaft mit Goethe der Höhepunkt seiner Biografie. Goethe stirbt am Ende eines langen Lebens, sanft und ruhig. Als er in der Fürstengruft zu Grabe getragen wird, ist das offizielle Europa dabei. Sein Tod markiert selbst geschichtlich einen einschneidenden Abschnitt: Die sogenannte Goethe-Zeit ist beendet. Für ihn sind die zehn Jahre mit Schiller die Zeit seiner Lebensmitte.

Was also hat diese beiden so unterschiedlichen Menschen zusammengeführt? *Wie kamen die Polaritäten zu einer «Steigerung»?* Erst nachdem die Gegensätzlichkeit dieser Biografien nachhaltig erarbeitet worden ist, kann der Wert des späteren Freundschaftsbundes wirklich nachvollzogen werden. Das Jahr 1794 bringt den Umschwung. Zu Goethes fünfundvierzigstem Geburtstag schreibt ihm Schiller einen Brief. Man kann ihn gut mit Schülern lesen. In ihm entdeckt Goethe, dass er von einem anderen wirklich erkannt worden ist. Gerade die Gegensätzlichkeit (bei Schiller der Drang nach der ideellen Seite der Wirklichkeit, bei Goethe die Anschauung der sinnlichen Welt) kann sich ergänzen. Beide dürfen bleiben, so wie sie sind. Aber beide werden reicher und beschenkter dadurch, dass sie den jeweils anderen in ihr eigenes Leben einbeziehen. Die Jugendlichen erfahren im Unterricht am Beispiel Goethes und Schillers das *Urbild der*

102

menschlichen Gemeinschaft. Es ist das Ideal einer Freundschaft, die anschaubar geworden ist. Dieser Freundschaftsbund fußt nicht auf bloßer Sympathie, er beruht nicht auf der sozialen Gleichheit und Zugehörigkeit zu einer Klasse, und er kennt auch im Denken keine Parteibildung. Es ist ein geistiges Band, das dem Menschen nicht mitgegeben wird, sondern das er sich selbst erschaffen kann. Die *Ich-Findung* gelingt in dem Maße, wie es zu einer wirklichen *Begegnung mit dem Du* kommt.

Neben den Biografien Goethes und Schillers, die durch Erzählungen des Lehrers, durch das Lesen von Kopien (Briefe und andere Lebenszeugnisse), durch das gemeinsame Unterrichtsgespräch und die schriftlichen Hausarbeiten der Schülerinnen und Schüler im Lauf der drei Wochen entfaltet werden, steht die *Lektüre umfangreicherer Dichtungen* der beiden Männer. Im Rezitationsteil können *Gedichte* erarbeitet werden, die ebenfalls jenes Gesetz der Polarität künstlerisch aufgreifen (etwa die Gedichte «Gesang der Geister über den Wassern» von Goethe und «Die Worte des Glaubens» von Schiller). Wird ein Theaterstück Goethes gelesen, etwa der «Egmont», empfiehlt es sich, zu einer Prosaschrift Schillers zu greifen, z. B. «Der Verbrecher aus verlorener Ehre» – und umgekehrt: z. B. Schillers «Don Carlos» und Goethes «Märchen von der grünen Schlange».

«Tragik und Humor»

Das Sprichwort sagt: «Humor ist, wenn man trotzdem lacht» und meint eine seelische Äußerung in einer Situation, die eigentlich dazu keinen Anlass bietet. Humor ist also offenbar eine *Möglichkeit, Distanz zu schaffen* und Unzulänglichkeiten von einer höheren Warte aus versöhnlich anzuschauen. Wem das aber gelingt, der erfährt eine *Stärkung seines eigenen Ich.* Wir sehen, dass Humor eine übergeordnete menschliche

Haltung ist und nicht mit seinen vielfältigen Spielarten und speziellen Erscheinungsformen des ästhetischen Bereiches identifiziert werden sollte. Humor ist sozial. Er verletzt nicht die Gemeinschaft. Er fördert sie. Albern kann dagegen auch der sein, der das, worüber er lacht, anderen nicht vermitteln kann. Ein schwaches Ich kann nur über andere lachen, nicht über sich. Der gute Humor ist mild und human. Heinrich Böll hat dem Schriftsteller geraten, nicht ausschließlich mit kaltem Blick die Schwächen der Mitmenschen unter die Lupe zu nehmen, aber auch nicht nur durch eine rosarote Brille zu schauen, die alle Schatten tilgt. Das Leben möge so angesehen werden, *wie es ist, mit einem menschlichen Auge, das normalerweise nicht ganz trocken und nicht ganz nass ist, sondern feucht – und wir wollen daran erinnern, dass das lateinische Wort für Feuchtigkeit Humor ist – ohne zu vergessen, dass unsere Augen auch trocken werden können oder nass; dass es Dinge gibt, bei denen kein Anlass für Humor besteht.*[84] Es gibt auch das Scheitern, die Tragik. Aber auch die Tragik hat etwas mit dem Ich des Menschen zu tun, mit seiner Erkraftung. Ein tödlicher Autounfall, eine unheilbare Krankheit oder eine Trennung von einer geliebten Person können absurd erscheinen oder schicksalhaft aufgefasst werden. Tragisch sind sie nicht, auch wenn das umgangssprachlich so ausgedrückt wird. Tragisch ist eine Situation, in der der äußere Mensch scheitert, weil er seinen inneren Impuls verwirklichen muss (wie Ödipus im antiken Drama) oder verwirklichen will (wie Faust in Goethes Tragödie).

Im Unterricht werden *Biografien und Werke* behandelt, die aufzeigen, wie einzelne Menschen als Autor des Textes oder als Protagonist *ihr Leben zu meistern* versuchen. Große Humoristen hatten nicht selten ein schweres Leben. Dieser Zu-

84 Heinrich Böll: Bekenntnis zur Trümmerliteratur. In: *Erzählungen. Hörspiele. Aufsätze.* Köln / Berlin 1961, S. 343.

sammenhang wird deutlich gemacht (etwa an Johann Nestroy, Ferdinand Raimund, Joachim Ringelnatz,). Humor ist aber auch abhängig vom *Grad der persönlichen Reife*. Ein Kind lacht über andere Situationen als ein Erwachsener. Gedichte von James Krüss können das belegen. Es wird geklärt werden müssen, warum das der Fall ist. Die besonderen Nuancen des Humors sind auch durch die *geografische Region* oder die *soziale und politische Schicht* bedingt, in der Menschen leben. Ein Norddeutscher (Fritz Reuter: Das Leben auf dem Lande) oder ein Masure (Siegfried Lenz: So zärtlich war Suleyken) wird sich, die Welt und die Zeitläufte nicht so deuten wie ein Bayer (Karl Valentin), ein Israeli (Ephraim Kishon) nicht so wie ein Amerikaner (Mark Twain). Die politischen oder berührenden Witze jüdischer Gefangener aus den Konzentrationslagern geben Anlass zum Lachen (Salcia Landmann: Jüdische Witze). Wie ist das nur möglich? Ein lebhaftes Gespräch in der Klasse entsteht. Es ist auch üblich, verschiedene Dichtungen auszugsweise oder ganz zu lesen und miteinander zu vergleichen. Das Doppelantlitz des lachenden und weinenden Menschen zeigt sich sehr schön in Cervantes' Roman des «Don Quijote». Bereits die zwei Hauptfiguren, der Ritter von der traurigen Gestalt und sein treuer, aber einfältiger Diener Sancho Pansa, zeigen, wie beide Regungen aufeinander bezogen sind und miteinander auskommen wollen. Wer es etwas lesefreundlicher haben möchte, der mag zu Guareschis «Don Camillo und Peppone» greifen. Auch der *Bezug zu den literarischen Gattungen* kann diese Epoche bestimmen. Was unterscheidet den Humor oder die Tragik eines Dramas von demjenigen eines Romans oder einer Erzählung? Was sind die besonderen Merkmale innerhalb des Dramas, ob es sich um eine Tragödie oder um eine Komödie handelt? Durch welche sprachliche Mittel wird ein ernsthaftes Gedicht plötzlich zu einer Parodie? Für diese Epoche hat es sich immer wieder als günstig erwiesen, Autoren und deren

Novellen aus dem 19. Jahrhundert zu lesen: Theodor Storm, Wilhelm Raabe, Jeremias Gotthelf. Vor allem Gottfried Kellers Sammlung «Die Leute aus Seldwyla», einige seiner Gedichte und seine eigene Biografie bieten für die Motive des Lachens und Weinens, des wirklich menschlichen Humors und der Suche nach einer geglückten Lebensgestaltung ein vielfältiges Material. An eine Epoche im Sinne einer Karnevalssitzung ist nicht zu denken. Rudolf Steiner jedenfalls hat eine «Humor-Epoche», die sich vornehmlich mit Komik beschäftigen möge, niemals angeregt.[85] Der Lehrer ist aufgerufen, seine eigene Fantasie spielen zu lassen, um der zweiten Deutschepoche des neunten Schuljahres eine Gestalt zu verleihen, die auf das jugendliche Alter Bezug nimmt.[86]

Die 10. Klasse

Öffnet die neunte Klasse den Blick auf die mannigfaltigen Erscheinungen der Welt, wie sie ist, so haben Schülerinnen und Schüler des zehnten Schuljahres andere Bedürfnisse. Die jetzt etwa sechzehn Jahre alt gewordenen Jugendlichen sind nicht länger nur an äußeren abfragbaren Fakten interessiert. Sie wollen wissen, wo die Gründe des Gewordenen liegen. Identifikationen mit «Vorbildern», durch die man sich bisher gestärkt fühlte, nehmen allmählich ab. Eine gewisse *Skepsis* gegenüber der Welt, ihrer Werte und ihrer

---

85 Malte Schuchhardt: *Lachen und Weinen. Humor und Tragik in Kunst und Literatur*. Stuttgart 2005. Malte Schuchhardt geht in seinem materialreichen Buch auch ausführlich auf die Goethe-Schiller-Epoche ein.
86 Zum Beispiel durch Leben und Werk Wilhelm Raabes. Siehe Heinrich Schirmer: «Das Lachen ist teuer geworden ...». Eine Anregung für den Deutschunterricht. In: *Erziehungskunst*, 4/2002, S. 394–400.

Sprache entsteht. Selbst die eigene Sprache erfährt eine *ernste Selbstprüfung*. Nicht selten verstummen die Jugendlichen in diesem Alter im Hinblick auf ihre persönliche Befindlichkeit. Jedenfalls umhüllen sie sich mit einem schützenden Schleier. In der zehnten Klasse wird unbewusst, aber existenziell und schmerzhaft empfunden, was im vorangegangenen Schuljahr beglücken konnte, weil es neu war und noch nicht so vertieft erlebt wurde: das *Auftauchen des Ich-Bewusstseins in der eigenen Seele.*

Die «Nibelungenlied»-Epoche

Das um 1200 nach Christus literarisch komponierte und aufgeschriebene Nibelungenlied gilt als bedeutsamstes deutsches Helden-Epos. Durch dessen Behandlung im Unterricht werden die Schülerinnen und Schüler in die Geschichte der deutschen Literatur eingeführt und vor entscheidende Fragen ihres eigenen Lebens und der menschlichen Zukunft gestellt. Das Epos erzählt die Geschichte der Königskinder Kriemhild und Siegfried, die sich ineinander verlieben, heiraten und schließlich verlieren werden. Sie geraten durch eigenes Verschulden in die Welt des Verrats und der Lüge. Im Blick auf die persönlichen Interessen vergessen sie ihren überpersönlichen Auftrag als Herrschende. Um die Ziele zu erreichen, bedienen sie sich unlauterer, veralteter und irrationaler Mittel. Doch selbst der als unbesiegbar erscheinende Siegfried hat (wie jeder Mensch) eine verletzliche Stelle, die anderen verborgen ist. Das Epos erzählt den Tod des Helden, die Rache seiner Frau, den Verlust des sagenhaften Nibelungen-Hortes und den vollständigen Untergang aller beteiligten Personen und eines ganzen Volkes. Eine Zukunft auf Blutsbande und die selbstsüchtigen Werte der Sippe, Ehre, Treue und Rache zu gründen hat sich als tödlich erwiesen. Nach 2379 Strophen und 39 Aventiuren senkt sich der Rauch über einer unwirtlichen und vom Menschen-

Ego zerstörten Walstatt. Allein diese Kulisse ist erschreckend aktuell und von heutigen Fernsehbildern nicht zu überbieten. Hat sich, so ist zu fragen, in der Geschichte des menschlichen Bewusstseins in den letzten Jahrhunderten also gar nichts getan? Sind nur die technischen Mittel der Zerstörung perfekter geworden? Hat Erich Kästners böses Gedicht von der «Entwicklung der Menschheit» Recht, wenn dort über die Zeitgenossen festgestellt wird: *So haben sie mit dem Kopf und dem Mund / den Fortschritt der Menschheit geschaffen. / Doch davon mal abgesehen und / bei Lichte betrachtet sind sie im Grund / noch immer die alten Affen.* Warum das Nibelungenlied lesen, wenn sich doch nichts geändert hat und ändern wird? Es ist der Frage nachzusinnen, in welchem Verhältnis Schicksal und Freiheit stehen.

Das Epos wird als Ganzschrift gelesen, in Teilen vom Lehrer nacherzählt, in Auszügen von Schülerinnen und Schülern referiert. An einigen Passagen kann der originale mittelhochdeutsche Text als Vergleich herangezogen werden, um sprachgeschichtliche Veränderungen zu entdecken. Auch die deutsche Sprache insgesamt hat ihre Biografie. Die Lektüre führt in das Leben der mittelalterlichen Welt und Literatur ein. Die Leistung des unbekannten Autors wird darin erkannt, dass es ihm gelungen ist, die alten germanischen Reckenlieder und Stoffe in das neue Gewand christlicher Ritterwelt einzukleiden.[87] Aber gleichzeitig ist der Blick in diese Vergangenheit ein Blick in die eigene Seele des heutigen Schülers. Dessen innere Fragen erfahren aber ihre

---

87 Bisweilen werden Nacherzählungen des Nibelungenliedes im Unterricht bevorzugt, um Schülern das Lesen zu erleichtern. Eine gute Prosaausgabe liegt etwa von Uwe Johnson und Manfred Bierwisch vor (Frankfurt am Main 2006). Aber in der 10. Klasse geht es nicht nur um die Kenntnis des Stoffes, sondern auch um das Bewusstmachen der literarischen Komposition des unbekannten mittelalterlichen Autors.

Antwort immer nur im Eingehen auf den vorliegenden Text, nie unmittelbar. Das literarische Kunstwerk bildet ein «trübes» Mittel, in dem sich Hell und Dunkel der Vergangenheit und Gegenwart begegnen und die Farben entstehen. In der gemeinsam im Unterrichtsgespräch sich von Tag zu Tag aufbauenden Interpretation des Werkes schauen die heutigen Leser auf den bunten Teppich allgemeiner Lebensmotive. Sie können nachempfinden, wie es schicksalhaft ist, dass die Vererbungsströme abnehmen müssen, damit das individuelle Bewusstsein entstehen kann. Dieses Bewusstsein macht einsam, aber auch frei. Das Aufleuchten der Freiheit jenseits von Blut und Rache vollzieht sich im Nibelungenlied schrittweise durch die Gestalt des «tragischen» Ritters Rüdiger von Bechlaren und das Auftreten Dietrichs von Bern. Ob sich die Zukunft der gesamten Menschheit ändern wird, kann nicht durch ein Denken abschließend beurteilt werden, das sich nur auf vergangene Fakten bezieht. Die Zahl der bisherigen Kriege und Toten hat noch niemals so einschüchternd gewirkt, Krieg zu vermeiden. Nur durch die Freiheit des einzelnen Menschen kann eine Veränderung entstehen, wenn er es will. Einsamkeit, Freiheit und Verantwortung stehen im Zusammenhang. Ein lohnendes Aufsatzthema für Schülerinnen und Schüler könnte das Nachdenken über das kleine Gedicht von Peter Horst Neumann sein:[88]

---

88 *Lyrik unterwegs.* Herausgegeben von der Stuttgarter Straßenbahn AG. Ausgewählt von Ursel Hosch. Leinfelden-Echterdingen 1997, S. 117.

WENN WIR
in Drachenblut
baden,

ein Lindenblatt
soll uns
gnädig sein,

dass wir
verwundbar bleiben.

Epoche zu Motiven des Nibelungen-Stoffes

In einer der zwei Deutschepochen des 10. Schuljahres, es muss
nicht die erste sein, steht das Nibelungenlied allein im Zentrum der drei Hauptunterrichtswochen. In der anderen Epoche können Motive des Nibelungenstoffes entfaltet werden.
Die alten isländischen und germanischen *Sagas, die Helden-
und Götterlieder der Edda* oder das *Gudrun-Lied* enthalten
jene ursprünglichen Stoffe, aus denen später das deutsche
Versepos gewoben wurde. Durch ein Eingehen auf die mündliche, vorliterarische Tradition ist der Wandel des menschlichen Bewusstseins und die Entwicklung der Sprache an
originalen Texten nachzuvollziehen. Diese frühen Dichtungen
feiern noch ganz unverbildet die Macht der gemeinschaftstif-
tenden Sippe und die Abgrenzung gegenüber fremden Völ-
kern und Gebräuchen. Das Erlebnis der eigenen Volkssprache war noch elementar. Zeichen und Wirkung, Sprache und
Handeln waren noch nicht geschieden. Die *Zaubersprüche
und Segensworte* legen davon eine deutliche Kunde ab. Die
Naturphänomene wurden als geisterfüllt angesehen. Aus den
Stäben der Buchen, die man auf die Erde warf, «las» man das
künftige Schicksal. Auch der germanische Mensch übte sich

im Verstehen der Buchstaben in der Kunst der Hermeneutik. Die germanischen Götter hatten sich die Erde als Schauplatz ihres Wirkens erwählt. Ihr Wille war zu deuten. Im Wind, der durch die Wälder brauste, und im Atem, der die Sprache mit ihren Alliterationen plastisch gestaltete, lebte derselbe Geist. Wer eine andere Muttersprache sprach, gehörte nicht zur Gemeinschaft der sich im *Stabreim* verwirklichenden, willensbetonten Odin-Menschen. Die Schülerinnen und Schüler entdecken Parallelen der allgemeinen Sprachentwicklung zum individuellen Spracherwerb in der frühen Kindheit. Diese Zusammenhänge sollten im Gespräch vertieft werden.

Nibelungenmotiven kann aber auch in der Literatur nachgegangen werden, die sich an das Mittelalter anschließt, z. B. Richard Wagners Opernzyklus «Der Ring des Nibelungen» (ab 1851), Wilhelm Jordans Epos «Die Nibelunge» (1875) oder Friedrich Hebbels Trauerspiel «Die Nibelungen» (1861). Aber Motive sind keine Stoffe. Es muss bei der Auswahl möglicher anderer Lektüre also durchaus nicht auf verwandte Inhalte geachtet werden. Man könnte ebenso gut das *Motiv der Abhängigkeit von Blutskräften* an der Gestalt des japanischen Lageraufsehers Hara durchnehmen (in: «Trennender Schatten», Erzählung von Laurens van der Post). Das *Motiv des Schicksals* kann erarbeitet werden (z.B. in Adalbert Stifters Erzählung «Abdias»). Man könnte untersuchen, wodurch sich der mechanistische Gedanke des Naturalismus am Ende des 19. Jahrhunderts auszeichnet. Gerhart Hauptmann etwa hat in seiner novellistischen Studie «Bahnwärter Thiel» ein Exempel statuiert. Er zeigt darin den unfreien Menschen in seiner notwendigen *Abhängigkeit von den Trieben und den Erwartungen der Gesellschaft*. Thiel ist der Mensch, dessen Leben auf immer denselben Gleisen bleiben muss. Alle Weichen sind so gestellt, dass er ins Unglück gerät. Schließlich ließe sich auch das *Motiv der Gemeinschaft* thematisieren, das einst in der germanischen Sippe noch als positiv erfahren wurde, heute aber problematisch werden kann. Max Frisch hat in seinem Spiel «Andorra» vorgeführt, wie zerstörerisch es ist, wenn eine ganze Gruppe ihre Identität nur dadurch erhalten will, dass sie den einzelnen Menschen denunziert und schließlich tötet. Faschismus ist der Rückschritt, der die Entwicklung des Menschen zur Individualität umkehren will, der ein kollektives Bewusstsein auf Blutsbanden neu errichten will. Die Verantwortung in Bezug auf das Denken und Sprechen stehen wiederum im Zentrum des Unterrichts.

Die «Poetik»-Epoche

Als neues Unterrichtsfach, das die Schülerinnen und Schüler in ihrer Klassenlehrerzeit noch nicht kennengelernt hatten, tritt mit dem Beginn der Oberstufe in der neunten Klasse der «Kunstunterricht» auf. Dabei geht es vornehmlich nicht um das kreative Gestalten in verschiedenen Materialien wie Ton, Holz, Papier oder Stein. Diese Tätigkeiten werden ja in den künstlerisch-handwerklich-praktischen Fächern erübt. Kunstunterricht ist aber auch nicht bloße Kunstgeschichte. Es ist das gedankliche Eintauchen in die genuine Welt der Künste und das Schulen der spezifischen ästhetischen Wahrnehmung des Kunstschönen. Das Wort Ästhetik kommt ja aus dem Griechischen und bedeutet «Wahrnehmung». In der neunten Klasse steht die Malerei im Mittelpunkt der gemeinsamen Betrachtungen. In der elften Klasse untersucht man die Ausdrucksmöglichkeiten des Dionysischen und des Apollinischen mit besonderer Berücksichtigung der Musik. In der zwölften Klasse schließlich dominiert als Thema die Architektur. Die Epochen im Fach Kunstunterricht werden in der Regel vom Fachmann, dem dafür ausgebildeten Kunstlehrer erteilt.

Die in Rede stehende Epoche der zehnten Klasse gehört

in den Rahmen des Kunstunterrichts. Da sie sich aber mit dem *Wesen und den Gesetzen der sprachlichen Kunst* befasst, unterrichtet sie meist der Deutschlehrer. Am Anfang der Überlegungen könnte zum Beispiel die Frage stehen, was ein Handwerk zur Kunst werden lässt. Als Handwerk wird ja eine erlernbare Tätigkeit bezeichnet. Es gibt bestimmte Anweisungen, Rezepte und Lernhilfen, Ausbildungsgänge und Prüfungen, um eine bestimmte Tätigkeit ausüben zu können (z. B. das Kochen, das Tanzen, das Reiten usw.). Und doch spricht man auch von der Kochkunst, Tanzkunst oder Reitkunst. Es gibt sogar die Liebeskunst, die Redekunst und die Kriegskunst. Was macht ein Handwerk zur Kunst? Ist Kunst erlernbar? Man kann im weiteren Verlauf der Epoche die Entstehung der literarischen Gattungen untersuchen (*Epik, Lyrik, Dramatik*). Und innerhalb dieser Bereiche lassen sich ganz konkret die Bausteine der künstlerischen Gestaltung benennen. In der Lyrik dringt man nun in die Fragen von *Metren und Reimen, von Versen, Metaphern und Tropen* ein. Lyrik lebt im Rhythmus. Der menschliche *Rhythmus* des Atmens hat seine Entsprechung im poetischen Rhythmus. Diese Zusammenhänge kann man selbst am Pulsschlag abzählen. 72 Schläge in der Minute macht etwa im Durchschnitt unser Herz. Und 18-mal atmen wir in dieser Zeit. Dieses Verhältnis von 1 zu 4 kann somit zum Urbild des dichterischen Versmaßes werden. Hier ahnt man sogar kosmische Rhythmen. Die Hebungen und Senkungen einer Zeile müssen aber nicht immer als gleich lange Metren auftreten, wie es beim Jambus oder Trochäus der Fall ist. Es sind Variationen möglich. So kann ein Metrum durch zwei Viertel und eine halbe Länge (Anapäst) oder durch eine halbe Länge und zwei folgende Senkungen (Daktylus) gestaltet werden. Gedichte werden jedenfalls in vielfältiger Weise auf ihr sprachliches «Material» hin untersucht und tatsächlich mit den Fingern abgeklopft.

Ein Hexameter will erkannt und angewendet werden. Eigene poetische Versuche sind zu erproben. So hatte es schon Goethe auf seiner Italienischen Reise getan, als er die Kunst des Liebens und die Kunst des Dichtens miteinander versöhnte. In der Gegenwart Amors und seiner Geliebten fühlt er die schöpferische Kraft der Poesie: *Oftmals hab' ich auch schon in ihren Armen gedichtet / Und des Hexameters Maß leise mit fingernder Hand / Ihr auf den Rücken gezählt* (aus der 5. Römischen Elegie). Und als er die Prosa-«Iphigenie» in die gesteigerte Versfassung umdichtete, benannte er wiederum die Methode seines Tuns: *Mein Verfahren dabei war ganz einfach: ich schrieb das Stück ruhig ab und ließ es Zeile vor Zeile, Period vor Period regelmäßig erklingen* (Italienische Reise). Prosaschilderungen können auch von Schülerinnen und Schülern in lyrische Verse umgedichtet werden, und Gedichte können zur Prosa «ausdünnen». Welche dürftigen Empfindungen hat der Hörende, wenn er plötzlich Goethes vollkommenes Gedicht «Über allen Gipfeln ist Ruh ...» als bloßen Bericht liest, der aus der Information besteht, dass alles Leben vergänglich sei! Und wie zart rührt uns ein japanischer Haiku an, der in seiner strengen Form von 5 + 7 + 5 Silben in drei Versen die Vergänglichkeit spüren lässt, *die selbst den blütenreichsten Frühlingstag durchwaltet*:[89]

Verstreute Blüten
Jagt vor sich her und holt ein
Der jähe Sturmwind!

89 *Haiku. Japanische Dreizeiler.* Auswahl, Übersetzung aus dem Japanischen und Nachwort von Jan Ulenbrook. Nachbemerkung von Volker Probst. Stuttgart 2004, S. 273f. (reclam).

In dieser Epoche, die unsere ästhetische Wahrnehmung vertiefen möchte, kann nun auch über die Qualität der «oberen» Sinne gesprochen werden. Ihre jeweilige Qualität wird an Beispielen hörend, sprechend und nachsinnend erfahrbar. Wie der Mensch sich in Leib, Seele und Geist erlebt, so besitzt auch die Sprache eine Art Leibeshülle, die uns der Hör- und Sprachsinn als Laut vermittelt. Das seelische Element eines Wortes erschließt sich durch den Gedankensinn, der die Wahrnehmung von Vorstellungen ermöglicht. Und mittels des Ich-Sinns dringen wir in den besonderen *Stil* eines Autors ein. Ein Herbstgedicht Hebbels unterscheidet sich deutlich von einem Herbstgedicht Nietzsches. Die Poetikepoche klärt mit Bewusstsein die unbewussten Wirkungen der Poesie. Die Poetik ist die liebliche Schwester der Grammatik. Diese untersucht die Gesetzmäßigkeit und die Logik der Alltagssprache, jene die Regeln und die *Logik der Dichtung*.

Die 11. Klasse

Mit siebzehn Jahren ist der Tiefpunkt der seelischen Reifezeit für die meisten Schülerinnen und Schüler durchschritten. Als Ergebnis jener dunklen Zeit, die sich in der zehnten Klasse noch nicht erhellen ließ, hat der Jugendliche jetzt eine größere Möglichkeit an differenziertem Empfinden. Er kann und will sich nunmehr mit sich selbst identifizieren. Auch die Schattenseiten der Biografie können dazu führen, wichtige, in jedem Fall persönliche Erfahrungen zu machen. Allmählich beginnen die Schülerinnen und Schüler damit, sich aus der Erdenschwere zu erheben. Die jugendliche Suche nach dem Sinn eines unverwechselbaren und eigenen Lebens wird stärker. Die Antworten aber, die unsere heutige Gesellschaft zu geben hat, sind erschreckend sinnlos. «Scheiternde» auf dem Weg werden als Brüder geachtet, nicht als «Looser». Und doch möchte man es unter allen Umständen vermeiden, auf die schiefe Ebene ihrer Bahn zu geraten. Die gefährdete Seite heutiger Jugend hat die Autorin Karen Duve bereits mit den ersten Worten ihres einleitenden Textes schonungslos beschrieben, der ihrem gesamten Erzählband «Keine Ahnung» als Titel dient: *Keine Ahnung, wie ich das Abitur geschafft habe. Ich hätte für die Prüfungen lernen müssen, tat es aber nicht. Ich fürchtete mich vor der Entscheidung, die danach unausweichlich kommen musste – der Entscheidung, was ich denn nun machen sollte. Mein Vater sagte Zukunft und meinte Rente. Mir war das Sein schon zu viel, ich wollte nicht auch noch etwas werden.*[90] Wer heute jung ist, bekommt ein ganzes Arsenal an Spaß machenden Surrogaten geboten, damit der Seele Flügel wachsen können. Es ist nicht leicht, die eigene Kraft zu finden, um zwischen den Polen der Anpassung und der Auflehnung bestehen zu können.

Die «Parzival»-Epoche

Noch einmal steht ein mittelalterliches Epos im Zentrum einer ganzen Deutschepoche. Aber es ist kein Helden-Epos mehr, sondern ein höfisches: der «Parzival» Wolframs von Eschenbach. Wolframs Werk entsteht etwa zeitgleich mit dem Nibelungenlied und nimmt ebenfalls, wie jener uns unbekannte Autor, literarische Vorläufer zum Anlass, den damals bekannten Stoff neu und gültig zu komponieren. Aber wie anders sind sein Inhalt und Gehalt, sein Ton und Stil. Statt der Sippe steht hier ein einzelner Mensch im Mittelpunkt. In sechzehn Aventiuren entfaltet sich der Weg des einfältigen Knaben, der nichts von seiner Herkunft weiß und seinen Na-

---

90 Karen Duve: *Keine Ahnung. Erzählungen.* Frankfurt am Main 1999, S. 7.

men nicht kennt, über das unschuldig Schuldig-Werden zur bitteren Abkehr von Gott und schließlich dann doch zur Gemeinschaft des Grals. Was im Nibelungenlied gewissermaßen nur eine Fußnote bildete, nämlich das suchende und machtlose Individuum, das ist im «Parzival» das Hauptthema. Im Lesen und Besprechen dieser Dichtung ergibt sich eine Fülle von Motiven, die das gemeinsame Klassengespräch unmittelbar entzünden. Besonders auffällig ist natürlich die im Text stets wieder auftauchende Zweiheit. Das erste Substantiv des ersten Satzes bereits benennt den *zwivel*. Parzivals Vater reist in den Osten, zu den Heiden und schwarzhäutigen Menschen und bekommt dort einen Sohn, der wie eine Elster bis auf die Haut ein Mischling ist. Aber er reist auch in den Westen, um eine christliche Stadt zu befreien, deren Herrscherin zu heiraten und mit ihr den Knaben Parzival zu bekommen. Das Unstete seines Lebens aber macht, dass er auch diese Frau verlässt. Er stirbt als Mensch, der keinen Frieden mit sich selbst finden kann, zwischen den Fronten. Parzival wird zunächst den Weg des unbekannten Vaters nachleben. Er wird als Ritter in die Tafelrunde des Königs Artus aufgenommen, aber er ahnt, wie erst durch die Begegnung mit dem Gral sein Lebensziel erreicht werden kann. Dieses mächtige Motiv führt bei den Schülerinnen und Schülern oftmals zu großem Erstaunen. Sie können vorerst nur ahnen, dass jeder Mensch ganz unvermutet den Gral vor sich sieht, ohne ihn in jenem Augenblick zu erkennen. Und sie erschüttert, wie man nach dieser verpassten Gelegenheit offenbar ein ganzes Leben damit zuzubringen hat, ihn wiederzufinden. Der Gral als Gegenstand bleibt bei Wolfram vollkommen unbestimmt. Er sei ein *Ding*, so heißt es lapidar. Um ihn zu finden, bedarf es aber der Voraussetzung der Mitmenschlichkeit. Die echte Frage nach dem Leid des Mitmenschen, der als Verwandter erkannt wird, führt zur eigenen Erlösung. Damit ist bereits um 1200,

117

einsam und früh, jener moderne Ton in der Geschichte und Literatur Europas angestimmt worden, der sich auf dem Weg in die Neuzeit immer kräftiger entfalten wird.

Epoche zu «Parzival»-Motiven

In der Literatur der Neuzeit stoßen wir auf zahlreiche «Brüder» Parzivals. Es sind das alles Menschen, die sich nicht mehr in ihrer jeweiligen Umwelt beheimatet fühlen. Die große Dichtung Grimmelshausens, sein Schelmenroman «Der abenteuerliche Simplicissimus», spielt bereits im 17. Jahrhundert deutlich auf Wolframs «Parzival» an. Nur ist die resignative Antwort des Autors, der im Dreißigjährigen Krieg schreibt und dessen Werk auch davon handelt, keine frohe Botschaft mehr. Erst mit dem Romantiker Joseph von Eichendorff und seiner Novelle «Aus dem Leben eines Taugenichts» scheint sich der Lebenssinn wie ein Märchen doch noch zu enthüllen. Den Schülerinnen und Schülern fällt es nicht leicht, Eichendorffs utopischen Schluss (*Und es war alles, alles gut!*) ohne Gegenrede anzuerkennen. Sie bemerken, dass die Romantiker sich in ihrer Kunst und Ironie eine Gegenwelt zur bürgerlichen Ohnmacht aufgebaut haben. Sie hören genau den Konjunktiv in der Sprache ihrer Lyrik (*Es war, als hätt der Himmel / die Erde still geküsst ...*), aber sie überhören eben nicht die Unmöglichkeit, dass diese antasie Wirklichkeit werde. Hermann Hesses Erzählungen «Unterm Rad», «Knulp», «Demian» oder «Der Steppenwolf» finden dagegen meist ihr spontane Zustimmung. In diesen Figuren glauben sie die nicht zu überbrückende Kluft von Künstler und Bürger, von Ich und Gesellschaft glaubwürdiger dargestellt. Das Scheitern hat eben für Jugendliche eine größere Evidenz. Das heißt aber nicht, dass sich alle heutigen Schülerinnen und Schüler mit den genannten Figuren solidarisch erklären würden und ihnen auf ihrem Weg folgen wollen. Im

Gegenteil: An deren Schicksal lesen viele ab, wie sie selbst einem ähnlichen entgehen könnten. Vor dreißig Jahren waren diese literarischen Rebellen Symbole der Auflehnung gegen die bürgerliche Welt, mit denen man sich auch dann (und gerade dann) noch identifizierte, wenn sie scheitern. Heute dagegen sind immer mehr Jugendliche in der Gefahr, mit der Wohlstandsgesellschaft ihren Frieden zu machen. Es scheint angebrachter zu sein, sich den realistischen, blonden Hans Hansen aus Thomas Manns Novelle «Tonio Kröger» zum Vorbild zu nehmen als den träumerischen Künstler. Sie sind bereit, dem Realitätsprinzip der Gesellschaft einen kleinen Tribut zu zollen, um sich in der Spaßgesellschaft im erlaubten Raum und zu gewissen Zeiten entspannen zu können. Die politische Utopie in den sozialkritischen Stücken des Moralisten Brecht, die in künstlerischer Form das Ziel eines unentfremdeten Leben thematisiert, hat derzeit kaum noch Konjunktur. Die Schülerinnen und Schüler der elften Klasse können sich für alle genannten Autoren und Werke interessieren, aber sie überprüfen an ihnen und auch an sich selbst genau, was Schein und Wahrheit ist, wo die Dichter oder sie selbst als Schüler spielen und wo nicht. Ein naives Weltempfinden ist vorbei. Die Figuren der Dichtung werden wie Kleider anprobiert und wieder abgelegt. In Max Frischs Roman «Mein Name sei Gantenbein» heißt es an einer Stelle: *Es ist nicht die Zeit für Ich-Geschichten. Und doch vollzieht sich das menschliche Leben oder verfehlt sich am einzelnen Ich, nirgends sonst.* Diesen Satz können erst Jugendliche der elften Klasse wirklich verstehen. Um herauszufinden, wie die Elftklässler denken, könnte man sie im Unterricht bitten, fiktive Briefe an die Hauptpersonen der behandelten Literatur zu schreiben. Was würden sie als heutige Menschen einem «Taugenichts» oder einem Hans Giebenrath sagen wollen?

119

Die 12. Klasse

Die Schülerinnen und Schüler stehen in ihrem neunzehnten Lebensjahr. Ihr Blick richtet sich in die Zukunft, denn sie sehen das Ende ihrer Schulzeit nahen. Nur wenige haben schon einen festen Berufswunsch. Viele wollen zunächst einmal ins Ausland, um «*die Welt kennenzulernen*». Sie schauen deshalb aber auch mit der Frage zurück, was sie in den vergangenen zwölf Jahren gelernt und erfahren haben. Wie Insel aus dem Strom tauchen jetzt noch einmal besonders beeindruckende Erlebnisse auf. In allen Fächern des Unterrichts wird deshalb versucht, eine erste Inventur zu machen. Wie ist das bisher Gelernte sinnvoll anzuordnen, einzuschätzen und zu überblicken, sodass es *eine Orientierung für das spätere Leben* schafft? Die Epochen werden zu «Überblicksepochen». Jetzt ist zu klären, ob sich die Schulzeit «gelohnt» hat: Ist man belehrt oder gebildet? Hat man den inneren Drang und die nötige Gesundheit, sich eigene Lebensmotive zu setzen und in der Welt etwas zu bewegen? Ist man ein Schwätzer geworden oder hat man etwas zu sagen? Wird man die Schule verlassen, um *ein Mensch zu werden?*

Der Schriftsteller Uwe Timm zitiert in seinem berührenden Erinnerungs- und Annäherungsbuch «Der Freund und der Fremde» einen Brief des 1967 bei den Protesten gegen den Besuch des persischen Schahs erschossenen Freundes Benno Ohnesorg. Der Briefschreiber, gerade zwanzig Jahre alt geworden, möchte auf dem zweiten Bildungsweg sein Abitur machen. Er hat gerade seine Lehre als Schaufensterdekorateur beendet, das väterliche Haus in Hannover verlassen und hält sich für längere Zeit bei der Weinlese in Frankreich auf. Der sensible junge Mann fokussiert jene Themen, die sich nun im Lauf der zwölften Klasse bei vielen Schülerinnen und Schülern zu entfalten beginnen: *Ein Leben als Tramp ist kei-*

ne Vergnügungsreise. Ich besitze nicht die pfadfinderische Of-
fenherzigkeit, die sich blauäugig und lederhosig unter die Leu-
te mengt, und des Abenteuerlichen, wenn jemand das suchte,
würde er nur allzuschnell müde. Was mich an meiner Fahrt
lockte, wurde gefördert von einem wachsenden Unbehagen,
das ich zu Hause verspürte. Trotz langer Arbeitszeit besuchte
ich fast übertrieben oft Theater, Konzerte, Vorträge, wusste aber
nicht, worüber ich mich mit meinen Eltern unterhalten soll-
te. Ich sah keine Möglichkeit und fand mich auch nicht in der
Lage, dieses Aneinander-vorbei-Leben durch Rede und Gegen-
rede zu überbrücken. Das Gespräch, die Grundbeziehung zum
Mitmenschen, existierte nicht. So zog ich aus, ein Mensch zu
werden. Für das Hannoversche Kulturleben habe ich freilich
keinen Ersatz, doch herausgerissen aus dieser Gewohnheit, an-
gewiesen auf wenige Bücher, kann man ihren Wert erst rich-
tig ermessen. Was ist ein Mensch?, frage ich. Nicht fragwürdig
ist sein Wert, aber an seiner Bestimmung, frei zu sein, frei von
Eigenliebe und Geltungsdrang, so frei, dass «der Mensch dem
Menschen ein Helfer» wird, kann man nur zu leicht resignieren.
Beachtenswert, wer mit Ionescos Beringer ruft: Ich kapituliere
nicht!, selbst wenn alle andern schon Nashörner sind. Ist der
Mensch nicht mehr als ein biologisches Phänomen? Die Kunst
zeigt, dass er ständig neu geschaffen, immer vor neue Möglich-
keiten gestellt wird.[91]

Die «Faust»-Epoche

Die Faust-Gestalt steht als Beispiel des modernen Menschen
an der Schwelle der Neuzeit. Der historisch nachweisbare
Johann Faust aus dem württembergischen Knittlingen war
einer jener Menschen, die als Scharlatan oder Magier aufgefasst wurden. Der Kirche waren sie ein Dorn im Auge, denn
sie gaben vor, auch im Buch der Natur lesen zu können, nicht

91 Uwe Timm: *Der Freund und der Fremde.* Köln 2005, S. 18f.

allein im Buch der Offenbarung. Die sonderbaren Ereignisse, mit denen sich Faust rühmte (Reiten auf einem Fass, Gold machen, Totenbeschwörung), wurden als Werke des Teufels angesehen. Das schreckliche Ende des Johann Faust musste denn auch zwangsläufig als Strafe für dessen Tun aufgefasst werden. Er sei, so verbreitete man, vom Teufel geholt worden. Man macht eben keinen Pakt mit dem Bösen. Schon in den «Deutschen Volksbüchern» (1587) ist sie zur Lehre und Ermahnung der Menschen aufgezeichnet, *die Historia von D. Johann Fausten dem weitbeschreyten Zauberer und Schwarzkünstler / Wie er sich gegen dem Teufel auf eine benannte Zeit verschrieben ... / bis er endlich seinen wohl verdienten Lohn empfangen ...* [92] Der Faust-Stoff hat vielfache Bearbeitungen und Umdichtungen erfahren, bis er schließlich in die Hände Goethes gelangte. Goethe nahm in seiner Dichtung eine bedeutsame Akzentverschiebung vor. Sein Heinrich Faust macht den Pakt mit dem Teufel nicht, weil er Reichtum, Ehre und übernatürliche Fähigkeiten bekommen will. Er möchte vielmehr wissen, was die Welt im Innersten zusammenhält. Damit entsteht freilich die problematische Frage, ob denn das Streben nach Erkenntnis etwas Böses sei? Wozu überhaupt ist das Böse in der Welt? Dass Mephistopheles als derjenige Geist auftritt, der dem Menschen die Freiheit ermöglicht, ist kein leichter Gedanke. Und Goethes Faust darf lieben. Die sogenannte Gretchen-Tragödie ist ganz aus der Feder des Weimarer Dichters.

Goethes «Faust» bildet das Thema der ganzen Epoche. Es ist wichtig, auch auf den *zweiten Teil* der Tragödie einzugehen. Erst durch sie fällt das erhellende Licht auf den ersten Teil. Die Schülerinnen und Schüler spüren sofort die geistige *Koinzidenz ihrer biografischen Situation mit dem Gehalt dieser*

92 *Deutsche Volksbücher*. Hrsg. von Richard Benz. Heidelberg o. J., S. 525.

Dichtung. Auch sie resümieren für sich am Ende der Schulzeit: *Da steh' ich nun, ich armer Tor / und bin so klug als wie zuvor!* Sie empfinden aber auch die *Koinzidenz der Dichtung mit der heutigen modernen Zeitlage.* Man kann in diesem Zusammenhang auf Thomas Manns Roman «Doktor Faustus» hinweisen oder auf den Roman seines Sohnes, Klaus Mann, «Mephisto». Und haben nicht zum Beispiel Männer wie der Raketenkonstrukteur Hermann Oberth mit Hitler einen Pakt geschlossen, weil sie glaubten, die «reine» Wissenschaft müsse sich weiter entwickeln, auch wenn das Geld dafür aus den Händen der Nazis komme?[93] Gibt es das überhaupt, die unschuldige Erkenntnis und wissenschaftliche Freiheit, die keine Verantwortung für ihre Folgen übernehmen muss? Im Gewahrwerden dieser doppelten Aktualität der Faust-Dichtung können sich die Schülerinnen und Schüler wirklich als Zeitgenossen empfinden, die das Thema des Dramas gewissermaßen nach ihrer Schulzeit existentziell weiterschreiben werden. Sie haben in der Begegnung mit Dichtung erfahren, dass es auf sie ankommen wird. Und sie haben (vielleicht?) jene Sprache gelernt, um das Gespräch mit Mephisto fortsetzen zu können.

Die «Überblicks»-Epoche
In der zweiten Deutschepoche geht es nicht in erster Linie darum, zu den bisher gelernten Autoren und Werken noch einige neue Namen, Daten und Inhalte hinzuzufügen, um gewissermaßen die Faktenebene auszuweiten. Der didaktische Aspekt, unter dem jetzt der neue Stoff erscheint, ist der sogenannte Überblick. Die Epoche kann deshalb zum Beispiel einen *Überblick über die Geschichte der deutschen Dichtung oder der Weltliteratur* an exemplarischen Texten geben. Dieser historische Abriss ist gut an einer bestimmten literarischen Gattung zu geben (etwa der Lyrik), deren Entwicklung man

93 Vgl. z.B. Rolf Hochhuth: *Hitlers Dr. Faust. Tragödie.* Hamburg 1991.

vom germanischen Stabreim über den mittelhochdeutschen Minnesang bis zum Expressionismus des 20. Jahrhunderts und der unmittelbaren Gegenwart durch die Jahrhunderte verfolgt. Man wird untersuchen (vielleicht nur an Natur- oder an Liebesgedichten, an politischen oder religiösen Beispielen), wie sich der Reim ans Ende des Verses verschiebt und schließlich ganz verschwindet, wie in den einzelnen Literaturepochen die Metaphern unterschiedlich verwendet werden oder wie das lyrische Ich sich unterschiedlich artikuliert. Gut möglich ist es aber auch, einen *Überblick über eine einzelne Epoche* (z. B. Romantik oder Naturalismus oder BRD- und DDR-Literatur) zu geben, um an verschiedenen Texten das Gemeinsame oder Trennende der jeweiligen Zeit zu exemplifizieren. Am Anfang steht dabei ein allgemeiner Begriff, der sich deduktiv entfaltet. Selbst das Umgekehrte wäre denkbar: sich zunächst einen *Überblick über ein einzelnes, bedeutsames Werk* zu schaffen, um sich erst dann, vom Konkreten ausgehend, ein allgemeines Urteil zu erarbeiten. An Goethes Lyrikzyklus «Der west-östliche Divan» oder an seiner «Italienischen Reise» ist dieses induktive Verfahren mehrfach erprobt worden.[94] Lohnend kann es schließlich sein, einen *Überblick über einen bestimmten Dichter und sein Gesamtwerk* zu geben. Hierbei ist an Franz Kafka zu denken. Seine jüdische Biografie im Prag der Zeit vor und während des Ersten Weltkriegs, sein Schreiben in deutscher Sprache, die Bilderwelt seiner Sprache und sein ästhetisches Ausloten existentzieller Fragen sind jetzt den Schülerinnen und Schülern im doppelten Sinn «zumutbar». Mit Kafka und der modernen Lyrik (Paul Celan, Nelly Sachs, Marie Luise Kaschnitz, Johannes Bobrowski, In-

---

94 Vgl. Heinrich Schirmer: Unsere Italienische Reise. Unterrichtsinszenierung von Goethes klassischem Lehrstück. In: Hans Christoph Berg / Wolfgang Klafki / Theodor Schule (Hrsg.): *Lehrkunstwerkstatt III*, Neuwied / Kriftel 2000.

geborg Bachmann) überschreitet die Sprache eine Schwelle bisheriger Wirklichkeitsauffassung. Sprache benennt hinfort nicht mehr nur das, was sichtbar ist, sondern sie wird transparent im Hinblick auf etwas, was nicht sichtbar ist, was aber niemals in Erscheinung treten würde, bliebe es ungenannt. Das «Kafkaeske» besteht gerade darinnen, dass der Autor klar, nachvollziehbar und äußerst präzise mittels der Sprache eine Wirklichkeit erzeugt, die gerade auf jegliche Art von Schwulst und Unklarheit verzichtet. Octavio Paz bringt es auf den Punkt: *Das dichterische Wort ist nie ganz von dieser Welt: es trägt uns immer über sie hinaus, zeigt uns andere Welten, andere Himmel, andere Wahrheiten. Die Dichtung scheint dem Gesetz der Schwerkraft der Geschichte zu entgehen, denn nie ist ihr Wort rein geschichtlich. Nie will das Bild dieses oder jenes sagen. Wie wir gesehen haben, ist eher das Gegenteil der Fall: das Bild sagt dieses und jenes zugleich. Es sagt sogar: dieses ist jenes.*[95]

Die Jugendlichen erfahren im Umgang mit moderner Literatur die spirituelle Qualität der Sprache. In der Lyrik der Dichterin Rose Ausländer heißt es einmal: *Was schreiben heißt / sag nicht / du weißt es.* Die Selbstgefälligkeit jeglichen bloßen Wissens und vermeintlichen Könnens wird durch die Begegnung mit moderner Dichtung nachhaltig in Frage gestellt. Aber es ist eine «Erschütterung» des Ich, die nicht vernichtet, sondern sensibel, wach und bescheiden macht.

95 Octavio Paz, *Essays*, a.a.O. (Anm.), S. 50.

A wie Abend
B wie Bär
C wie Christof
D wie Donner
E wie Esel
F wie Finger

7. Das Wort und die Wörter

Der Verlust des Wortes

Es hatte aber alle Welt einerlei Sprache und einerlei Worte (1. Mose 11,1), so heißt es in einer der ältesten religiösen und literarischen Urkunden der Menschheit, dem Alten Testament der Bibel. «Das Wesen der Sprache im Licht der Genesis» (Walter Benjamin) zu untersuchen, ist von Theologen, Philologen und Pädagogen umfassend geleistet worden. Einige der ursprünglich nomadisierenden Völker seien aber sesshaft geworden, hätten Technik entwickelt, Städte gegründet und mit dem Bau ihrer irdenen und ideologisch verhärteten Türme die Individuation und Emanzipation gegenüber einer gott- und naturverbundenen Ursprungswelt auf die Spitze

126

getrieben. Die Urgeschichte verengte sich zur mannigfachen Stammesgeschichte. Nur wer den Mythos versteht, empfindet die unvermeidliche, vom Menschen als selbst erzeugtes Schicksal gedeutete Tragik des biblischen Berichts. Die bewusstseinsmäßige Gemeinschaft der Menschen untereinander und die sie leitende geistige Wirklichkeit gehören plötzlich der Vergangenheit an. Die allgemeine Sprachverwirrung und das Sprachenentstehen der einzelnen Völker korrelieren miteinander und bilden fortan die Riegel zum Tor des verschlossenen Paradieses.

Die eigene Volkssprache, die Sprache der Mutter, ist Ausdruck und gleichzeitig Gewinn einer gestärkten kollektiven Identität im Gegensatz zum Angehörigen einer nun als fremd empfundenen Kultur.[96] Sie ist aber gleichermaßen Verlust des einen sinnstiftenden und sinnerzeugenden Weltenwortes. Auch wer entmythologisiert, wird sich dem Kern dieser Wahrheit, historisch belegt und politisch täglich aktualisiert, nicht verschließen können. Wie sollte muttersprachlicher Unterricht hier Abhilfe schaffen? Verstärkt er nicht geradezu durch die Akzentuierung der eigenen Sprachkultur die Tendenz des Partikularen und Singulären, des national und historisch Bedingten?

Die Geburt des Logos

Im Anfang war das Wort, so lauten auch die ersten Worte des Johannes-Evangeliums. In das Gewand der griechischen Sprache gehüllt, im mediterranen Raum geboren und zunächst vor dem Bewusstseinshorizont des ersten nachchristlichen

96 Vgl. Wolfgang Schad: *Erziehung ist Kunst. Pädagogik aus Anthroposophie.* Stuttgart 1991.

Jahrhunderts gesprochen, entfalten sie doch im Lauf der Zeit die weltumspannende Gewissheit, dass gerade die Schöpferkraft einer einigenden und allgemeinen Sprache neu erfahren werden könne, wenn in der Differenz des Lexikalischen, Semantischen und Grammatischen ein befeuernder und heilender Schöpfergeist entzündet werde. Das Pfingstwort der Apostelgeschichte (Acta 2) im Neuen Testament hebt nicht die Verschiedenheit der Völker, ihr spezifisches Bewusstsein, ihre Kultur, Würde und Autonomie auf. Es setzt sie vielmehr als Bedingung voraus und bildet dadurch überhaupt erst einen möglichen menschenverbindenden Text im polyglotten Kontext der übrigen Traditionen. Die gewordene Mannigfaltigkeit hat sich keiner künstlich zu schaffenden Einheit zu unterwerfen. Die Einheit lebt in der Mannigfaltigkeit. Alle Sprachen sind Glieder der einen Weltsprache, die ihre Fülle und ihren Menschheits-Geist in der Vielfalt offenbart. Die Individualisierung des Menschen zeigt sich deutlich in der Geschichte der Sprachen.

Wir haben zeigen wollen, wie in der Waldorfpädagogik eine humane und universale Erziehung gerade durch den muttersprachlichen Unterricht zu ermöglichen ist, der das leib- und zeitgewordene Wort im sich entwickelnden Menschen achtet und pflegt. Wie könnte dieser Unterricht etwas anderes sein als Geburtshelfer eines Logos, der im einzelnen Menschen zu Wort kommen möchte und der nicht identisch ist mit seiner ethnischen Volkshülle und linguistischen «Hüllennatur»? Die Geschichte der Menschheit, des einzelnen Menschen und der Sprache sind aufeinander bezogen. Dieses wechselseitige Verständnis neu zu entwickeln und durch den Deutschunterricht an der Waldorfschule für die Zukunft praktisch werden zu lassen ist die Antwort auf die Frage, warum wir eine Sprache lernen, die wir können.

Über den Autor

Heinrich Schirmer, geboren 1952 in Lindhorst, studierte Germanistik, evangelische Theologie und Philosophie in Marburg. Referendariat in Paderborn. Oberstufenlehrer für Geschichte, Kunst und Religion, von 1979 bis 1986 im Landschulheim Schloss Hamborn, von 1987 bis 1999 an der Freien Waldorfschule Uhlandshöhe in Stuttgart und seit 1999 an der Freien Waldorfschule Tübingen. Im Verlag Freies Geistesleben liegt von ihm bereits die Darstellung *Bildkräfte der Dichtung. Zum Literaturunterricht der Oberstufe* vor.

Heinrich Schirmer

Bildekräfte der Dichtung

Zum Literaturunterricht der Oberstufe

Verlag Freies Geistesleben

287 Seiten, gebunden
ISBN 978-3-7725-0257-6

«Schirmer hat sein Buch nicht nur für Deutschlehrer innerhalb und außerhalb der Waldorfschule geschrieben … Jeder an Dichtung Interessierte und jeder, der mit Jugendlichen umzugehen hat, sollte sich vom Autor auf dem von ihm begangenen Weg durch das Land der Dichtung führen lassen.»

Christoph Göpfert, Erziehungskunst

Verlag Freies Geistesleben